황 현 중(시인 · 평론가)

1963년 전북 부안 출생. 월간 시사문단에 시와 평론으로 등단했다. 그는 스스로를 고독과 결핍과 고통 속에서 자라는 나무라고 자처하며, 문학의 숲에서 뿌리 깊은 나무로 성장하기 위해 오늘도 치열한 작품 활동을 전개하고 있다. 시집 『조용히 웃는다』와 『너를 흔드는 파문이 좋은 거야』, 저술 『전북체신 25년사』와 『행사·의전뱅크』 등이 있으며, 제6회 북한강문학상과 제9회 효석문학상을 수상했다. 현재 전북 무주우체국장으로 재직하고 있다.

* 연락처 : 010-7320-2132
* e-메일 : happy4989@korea.kr

표지 _ 류지훈

중견 사진작가. 대한민국창조문화예술 대상(2014 한국언론사협회)과 산림문화공모전 대상(2007 국무총리) 등 다수의 수상 경력이 있으며, 현재 전북 무주우체국에 근무하고 있다.

삽화 _ 송지숙

일러스트레이터. 충남 금산에서 작은 카페를 운영하고 있으며, 그림과 자연과 이웃이 그녀의 가장 다정한 벗이다.

추천하는 글 _ 차복순

판소리 명창. 고려대학교대학원 문학 석사, 임방울국악제 명창부 대통령상 등 다수의 수상경력이 있으며, 현재 전라북도국악원 창극단 지도위원으로 후진 양성에 힘쓰고 있다.

딴짓 여로

딴짓 여로

황현중 산문집

시로 쓰는 머리말

길 위에서

이름 모를 꽃들도 있고 나비도 있다네
돌다리를 휘돌아 가는 물도
귀 맑은 소리로 붐비고
갈겨니 송사리 뽀글뽀글 웃는다네
아카시아 하얀 머리채 한들거리고
지나가는 바람도 싸한 향기 한 줌 놓고 간다네
긴 그림자가 따라가는 구불길 한 가닥
외롭다고 뒷모습을 뒤척이면
먼 길도 이제 끝이 나고
강 건너 서산에 붉게 해 넘어간다네

애써 아닌 척 견딘 세월 하, 얼마인데
오늘도 철없이 울컥!

지친 발걸음 괴고 쓴 담배 한 개비……

이대로 밤이 수북이 쌓이고
돌아갈 길 아주 끊겨도
강물 위 잔잔한 주름으로 누워도 좋겠네
별빛 총총 하늘을 안고 흘러도 좋겠네.

"넌 틀림없이 어딘가에 도착하게 되어 있어. 걷다 보면 어딘가에 도착하게 되어 있는 법이니까."

『이상한 나라의 앨리스』(루이스 캐럴, 1832~1898)에서 체셔 고양이와 엘리스가 나누는 대화 중 일부이다.

모든 사람들은 길을 걷는다. 그리고 그 길 위에서 생을 마감한다. 누구나 가야 한다고 생각하는 길과 가고 싶어 하는 길이 있겠지만, 길을 걷다 보면 도착하게 되는 어떤 지점이 있을 뿐, 우리가 소망하는 길은 늘 미지의 길인 채로 남겨져 있다. 삶이란 그래서 '어디에' 도착했느냐의 문제가 아니라 '어떻게' 도착했느냐의 문제일 수 있다. 실은 '어떻게' 도착했느냐의 문제도 '어디에' 도착하는 순간 모두 사라져 버리는 환영에 불과하겠지만.

결국 삶이란, 길을 찾아 떠나는 여정이 아니라 길을 잃고 방황하는 과정의 연속일지도 모르겠다.

나의 삶도 그랬다. 어디로 어떻게 가야 할지 모르는 길 위에서 때로는 넘치는 열망과 흥분으로 들뜨기도 했고, 지친 발걸음을 괴고 쓴 담배 한 개비에 기대는 나그네의 뒷모습이기도 했다. 이제는 몸과 마음이 모두 쇠잔한 나이, 가던 길을 갈 뿐 새로운 길을 바라지 않는다. 강물 위 잔잔한 주름으로 누워 별빛 총총한 하늘을 안고 흘러갈 따름이다.

이 글 역시 막막하고 느꺼운 삶의 길 위에서 내가 발견한 사소한 일들과 짧은 생각을 엮은 이야기들이다. '머나먼 나라에서 꺾어 온 순례자의 시든 화환'*처럼 누추하고 우울한 이 이야기를 누군가와 주고받으며 서로의 고단한 삶을 위로하고 싶다.

보잘것없는 이 글을 읽는 누군가의 길 위에 한 뼘 그늘과 작은 휴식이 깃들기를 바란다.

지친 발걸음이 머문 4월의 오후에

황 현 중

* 루이스 캐럴이 쓴 『이상한 나라의 앨리스』의 서문에 나오는 시의 한 대목

추천하는 글

어느 날 남편으로부터 시가 한 편씩 전송되기 시작하더니 두세 편씩 늘어나기 시작했다. 그냥 읽어 달라는 부탁과 함께……. 감히 시를 알지 못하지만 새로운 시들이 쌓여 갈수록 마음 한가운데 동그라미를 그리기 시작했다. 설마 남편이 시를 지어 보내진 않았을 테고, 누굴까? 궁금하던 차에 '다섯 바탕 눈대목' 발표회에 말쑥하게 양복을 차려입고 모습을 드러낸 황현중 님을 처음 만나게 되었다. 벌써 3년이 지난 일이다. 검은 안경테 너머로 깊은 눈이 고집스러워 보였다. 그 이후 황현중 님은 시작詩作에 더욱 몰두하여 시인으로 등단하였고 시집을 2권이나 출간하셨으니, 쓰지 않으면 살 수 없는 사람임을 가히 짐작하고도 남음이 있다.

얼마 전 남편과 함께 저녁 초대를 받은 자리에 뜻하지 않게 산문집의 발문을 부탁받았다. 그저 농으로 받아들였는데, 다음날 전화로 정중하게 다시 부탁하는 바람에 그때부터 고약한 시집살이가 시작되었다. 어찌 나쁜 예감은 틀린 적이 없을까? 발문을 부탁받은 지도 벌써 스무날이 흘렀다. 나는 계속 버티고 있는데 어쩌자는 것인지……. 판소리에만 몰두한 나에게 발문을 부탁하고는 전화 한 통도 없다. 어쩔 수 없이 나는 부탁을 거절하지 못한 죗값으로 팽팽한 긴장감 속에서 답답하기 짝이 없는 나날을 보내야만 했다.

족히 300페이지에 가까운 적지 않은 분량. 황현중 시인의 산문집 '딴짓 여로'는 추억 속의 아픔, 침묵의 시간과 그늘, 온건한 풍류와 기상이 넘치는 매력적인 문장들로 가득하다. 기나긴 어둠을 뚫고 새로운 자아를 찾아가는 한 중년 사내의 지난한 몸부림이 가슴 깊은 곳을 찌르고 또 찌른다.

시인 황현중은 보헤미안을 닮았다. 그의 곁에는 늘 일탈과 방황이 꿈틀거린다. 잡초로 꽃으로 나무로 숲으로 음악으로 현현하여 다양하고 웅숭깊은 이야깃거리를 제공하는가 하면, 항상 낮은 곳과 가난한 자의 슬픔 속에 머물기를 소망한다. 그는 또 가족사의 아픔, 가난의 비극, 굴욕의 시간, 건강 문제로 인한 고통 속에서도 감미로운 '딴짓 여로'의 서정을 꿈꾸고 있다.

소나무 아래에서 생선 장수 어머니를 기다리던 여리고 맑은 영혼만큼이나 그의 시선은 아름답다. 그리고 아름다운 모든 것들은 눈물을 부른다. 그는 우체국 사람이면서도 우체국을 다시 만나고 싶은 사람이다. 그리하여 그는 지금 보랏빛 우체부가 되어 지적장애를 가진 동생과 생선 장수 어머니에게, 헤프게 던진 사랑한다는 말 한 마디의 대가로 평생을 가난과 고통 속에서 살아온 아내에게, 그리고 우리 모두의 허허로운 삶의 영역에 훈훈한 꽃잎을 배달하고 있다.

일상적이고 하찮은 곳에서, 낮고 깊은 곳에서 삶과 사랑을 찾는 격조 높은 그의 문장이 나의 마음을 크게 흔들었다. 그의 인간다운 삶과 글에 감사드린다.

2018년 4월

소리꾼 차 복 순

차 례

1부 내 마음의 안쪽

2부 시간의 여울목

3부 더불어, 착한 세상

4부 詩네마 느낌표

1부

내 마음의 안쪽

비 오는 아침의 선물

아침에도 어두운 그림자가 가시지 않는다. 하늘에는 먹구름이 가득하다. 우산 없이 그냥 나왔다가 다시 들어가 우산을 챙긴다. 자박자박 바지 끝이 젖고, 하늘을 받치고 있는 작은 우산의 무게에 팔이 저리다. 터미널 바닥은 빗물로 번들거리고, 오가는 사람들의 젖은 머리에서 시큼한 냄새가 난다. 커피도 맛을 잃었다. 담배 연기가 시선 아래로 낮게 엎드리고 있다.

어두운 차창 밖의 풍경도 제빛을 잃었다. 조금만 건드리면 크게 화낼 것 같은 언짢은 침묵. 두려움에 떨며 모두 숨을 죽이고 있다. 실버들 나무가 긴 머리채를 아무렇게나 흩뜨리고 마뜩잖은 듯 흐린 안개 속을 서성인다. 겨우내 메말랐던 갈대는 다시 마른 울음을 삼키며 몸을 떨고 있다.

본격적으로 비가 내리기 시작한다. 차창에 빗방울이 깨지면서 눈물처럼 흘러내리고 있다. 버스에 오르는 승객들은 모두 우산을 하나씩 들었다. 우산 끝에서 빗물이 방울방울 떨어진다. 슬픔은 아무리 감추려고 해도 저렇게 새어 나오기 마련인가.

시선을 어디에 두어도 울적한 마음은 가라앉지 않는다. 슬퍼할 이유 없는 이 빈곤한 슬픔. 비좁은 가슴에 울음이 가득하다. 무슨 업보로 나는 이토록 슬픔을 질컥거리며 사는가? 이 비 그치면 목련은 물론이고 개나리와 벚꽃도 다투어 필 것이다. 모든 생명이 기지개를 켜고 기쁨을 노래하리라. 그래서 오늘 내리는 이 비는 마땅한 까닭을 품고 있다. 나의 눈물도 마땅한 까닭 하나 품고 있을까? 기쁨 한 자락 예비하고 있을까? 그랬으면 좋겠다. 이 눈물 뒤에 봄처럼 화들짝, 슬픔을 거둔 내 마음속 촉촉한 텃밭에 꽃망울 터지는 기쁨 한 포기 움텄으면 좋겠다.

눈을 감는다. 마음이 차분하고 정갈해진다. 눈물이 주는 비 오는 아침의 선물처럼.

백일몽

한적하고 넉넉한 하루가 흐르고 있다. 추모관 옆 폭포는 자욱한 물안개로 제 모습을 감추고 있다. 안개 덮인 폭포 속에서 수없이 많은 물방울들이 서로 엉키고 떨어지면서 비명을 내지른다. 미끄럼틀 위에서 빠르게 내려오는 아이들의 즐거운 환호성 같기도 하다.

물소리가 한동안 귀를 먹먹하게 채우더니, 익숙해진 소란 속에서 한 자락 고요가 슬그머니 내려앉는다. 수면 위에 떨어지는 물방울들과 고운 햇살이 한데 어울려 밤하늘의 뭇별들처럼 아득하게 반짝이며 속삭인다. 알아들을 수는 없지만 무슨 말인가를 반복한다. 아가의 입에서 이제 막 말이 움트기 직전의 작지만 생기 넘치는 옹알이라고나 할까.

폭포 주변의 작은 정원에는 철쭉꽃이 소나무 그늘 아래에서 흐드러지고 있다. 온몸을 햇볕에 내맡기고 마지막 한 잎까지 아낌없이 정성을 다해 피우고 펼친다. 눈에 안기는 곱디고운 색감과 살갗에 닿는 향기는 더없이 너그럽다. 바람이 발치에 꽃잎 하나를 떨어뜨리고 간다. 꽃잎을 줍는 마음이 너무 고요하고 정갈하여 저절로 서러워진다. 마음은 벌써 꽃이 지고 있는가?

먼 데 하늘에는 비행기 지나간 흔적이 길게 남아있다. 선명한 흰색의 띠가 하늘에 철길을 놓았다. 은하철도. 구름의 역장이 나에게 손짓한다. 타라고 떠나자고. 그러나 그는 머뭇거리는 나를 기다려 주지 않는다. 눈이 시리다. 은하철도가 천천히 꼬리를 감추고, 꼬리를 감춘 자리에 기러기 떼가 지나가며 나의 은빛 환상을 지운다.

갑자기 자리에서 일어난 탓일까. 머리가 어지럽다. 아주 멀고 희미한 무엇이 몸속 깊은 곳에서 움트는 것 같다. 그 낯선 것의 뿌리가 자라서 발부리부터 머리끝까지 가득 채운다. 그리고 내가 나로부터 아득히 멀어지는 느낌. 내가 떠난 시간과 공간 안에 울창한 숲이 바람을 떠안고 무겁게 출렁거린다. 숲 사이를 비집고 한 줄기 햇빛이 나를 향해 눈부시게 달려오다가 태풍의 눈처럼 소용돌이친다. 오로라 빛 입자들이 온몸에 스며들고 안개가 목구멍으로 가득 차오르면서 숨이 가쁘다. 몸을 뒤틀다가 화들짝 깨어났다. 꿈이었다.

하늘은 더없이 맑고 눈부신데, 이제 꽃잎은 시들하고 뼈마디를 드러낸 폭포 소리가 사방으로 흩어지고 있다. 발걸음이 허공에 뜬 것처럼 휘청거린다. 시계는 오후 두 시를 가리키고 있다.

꽃이 진다고 그대를 잊은 적 없다

철쭉꽃이 지고 있다. 고운 색감과 향기로 벌과 나비를 모으고 사람들의 오감을 즐겁게 하더니, 이제는 시들어 가는 모습이 추하기까지 하다. 지는 꽃잎들이 바람에 날려 하릴없이 땅바닥에 흩어진다. 지나가는 사람들의 발길에 짓밟히는 꽃잎들을 보며 생명의 유한함을 절감한다. 나도 언젠가는 지리라. 저 꽃잎처럼 추하리라.

그런데 지는 꽃잎들 사이로 연초록 새순이 무수히 돋아나고 있다. 꽃이 지고 난 자리에 새로운 세계가 다시 촘촘하게 펼쳐지고 있다. 말갛고 유연한 잎새가 꽃보다 더 싱그럽다. 눈물처럼 맺힌 이슬이 햇살을 받아 오색으로 반짝이고 있다. 꽃들의 화려한 축제에 대비되는 더없이 활기차고 싱싱한 아름다움이다. 꽃들이 떠난 자리에서 오월의 신록이 새로운 희망과 기쁨을 노래하고 있다.

떠난 자리가 저토록 아름다울 수 있다면, 이별은 한때의 아픔에 지나지 않으리라. 나는 슬픔을 엮어 기쁨을 연주하는 이

계절의 역설에 수긍한다. 누구나 저 꽃잎처럼 떠날 수밖에 없는 존재. 나는 내가 떠난 자리를 다시 채울 알 수 없는 존재에 대해 생각하며, 내가 사는 오늘의 작은 일상이 의미 있기를 바란다. 하루하루의 삶이 궁색하고 초라하지 않기를 조용히 기도한다.

시든 꽃잎 몇 장을 손안에 놓아 본다. 꽃주름이 펼쳐진 아득함 속에 내 보잘것없는 생애가 여울져 있다. 눈물겹다. 그래그래, 고맙다. "꽃이 진다고 그대를 잊은 적 없다."

* "꽃이 진다고 그대를 잊은 적 없다"는 정호승 시인의 시 제목

어느 날의 퇴근길

동짓날에 추적추적 비가 내리고 있다. 기온이 10도 안팎을 오르락내리락하면서 초봄의 훈기마저 느끼게 한다. 겨울이 겨울답지 않다. 달갑지 않은 손님을 맞는 것처럼 억지 춘향의 몸짓으로 잔뜩 구겨진 하늘을 보는 마음속은 이미 먹장구름이 되었다. 한 손에 가방을 들고 또 한 손에는 우산을 받쳐 들고 어기적거리며 걷는 내 꼴이 우습기도 하다.

터미널까지 겨우 와서 한숨을 내려놓고 커피 한 잔에 담배를 입에 물었다. 하찮은 그것들이 나를 위로하며 짜증을 버리라 한다. 그래야지, 그러면서 문득 삼겹살에 소주 한 잔은 어떨까, 하는 하찮은 생각이 마음을 가볍게 흔든다.

나는 몇 시간 뒤에 뜨거운 몇 잔에 얼큰해져 흥얼흥얼 집으로 향할 것이다. 커피와 담배, 소주와 삼겹살, 없어도 좋을 그 하찮은 존재들에게 내 가난한 마음을 위로받으며.

유월 상념

유월 초나흘. 햇살은 강한 편이지만 덥지는 않다. 적당히 땀이 밴 이마에 스치는 바람이 살갑다. 미세먼지가 사라진 청정한 공기 덕분에 심호흡이 자유롭다. 맑게 트인 시선이 먼 데 짙푸른 산등성이를 향해 거침없이 달려간다. 발걸음은 오히려 느슨해진다.

벚나무 그늘 아래 서서 하늘을 바라본다. 얼굴 위에서 진초록 잎들이 바람을 흔들며 그림자놀이를 한다. 잎새 사이로 강한 햇살이 나들면서 까만 버찌 열매가 별처럼 반짝인다. 검붉은 오디가 땅에 수북하다. 두 손에 물든 고운 보랏빛 색감이 달짜근하게 입안에 가득 고인다.

길가의 텃밭이 가지런하다. 잘 갈무리된 예닐곱 줄의 밭두둑마다 일정한 간격으로 고추 모종이 심겼다. 제법 땅 맛을 알았다. 주인은 밭고랑에 호미를 둔 채 온데간데없는데 하얀 고추 꽃에 벌과 나비들이 기웃거린다. 길옆의 무성한 넌출에는 벌써 손가락만 한 오이가 서넛 맺혔다. 또옥, 따서 한입 물었다. 설핏 떫은 듯하다가 이내 향긋하고 고소한 뒷맛이 은근하게 입안에 감돈다.

주택가 골목길을 벗어나 강을 가로지르는 다리 위를 걷는다. 강한 바람이 햇살을 걷어낸다. 모자를 벗자 머리카락이 온통 흩어진다. 나는 한 그루 붙박이 나무처럼 서서 두 손을 활짝 열고 춤을 춘다. 한 그루 아름드리나무가 되고 싶다. 넉넉한 숲이 되고 싶다. 작은 벌레들에게 잎사귀를 내주고, 말 많은 딱따구리의 수다에도 귀를 기울이는 믿음직한 친구가 되고 싶다. 지친 새들의 날개를 둥지처럼 보듬고, 가지 끝으로 밤하늘의 별자리를 손짓하며 보석 같은 꿈을 뿌리고 싶다.

흥겹다. 옷자락을 한사코 부여잡는 바람이, 햇살의 뜨거운 입맞춤이, 하늘하늘 춤을 추는 구름이, 파릇파릇 볼깃볼깃 반짝반짝하는 잎들의 푸르른 곡선과 지극한 기울기와 그 나붓함이, 박새와 오목눈이와 참새들의 쪼알거림이, 저 멀리 잠든 벌판에서 쏟아져 내리는 무한한 빛 방울들이…….

더 이상 발걸음을 옮길 수 없다. 다리 난간에 걸터앉아 담배 한 개비를 입에 문다. 다리 아래 강물은 가뭄에도 제법 흐름이 유장하다. 침착하고 부드럽고 무엇보다 무거운 깊이가 들뜬 마음을 차분하게 가라앉힌다. 초여름의 뜨거운 열망을 다스리는 침묵이 거기에 있다. 공연한 짜증과 이유 없는 초조함이 그 침묵 속으로 사라진다. 반짝이는 윤슬이 피곤한 나의 눈짓을 씻어 내리고 있다.

다리 밑 작은 공터에서 사내가 서툰 트럼펫을 불고 있다. 거칠고 투박한 음정이 땀을 흘린다. 노동이다. 해종일 비탈밭을 일구다가 구릿빛 이마에 하얀 수건을 동여매고 땅거미가 스며드는 동구를 넘어오면서 부르던 아버지의 노래를 닮았다. 아득하고 멀고 먼 곳의 애달픈 박자가 발치에서 현현했다. 차갑고 어둡고 까마득한, 그러나 태중처럼 아늑하고 따스한. 그러다가 문득 서늘한 기운에 눈을 떴을 때 아무도 없다. 사내가 사라진 자리에는 여운처럼 노을이 깃들고 있다.

나는 아버지처럼 아버지의 노래를 부르며 강둑 너머 불빛을 따라 어릴 적 그리운 고향으로 향한다. 밥 먹고 잠자고 뒹굴며 낄낄대던 개구쟁이, 아무 걱정 없는 어린 나를 만나러 간다. 어머니가 건네는 냉수 한 사발을 들이켜고 토방에 주저앉은 아버지의 지친 눈길이 가닿은 서녘 하늘, 그 하늘의 모서리에 기러기 떼 날갯짓이 붉게 물들고 있다. 굴뚝에는 가는 저녁연기가 피어오르고 배고픈 채송화가 마당 구석에서 고개를 깐닥인다. 아버지의 가난한 지게에는 찔레꽃 한 다발이 달빛 속에 가득 피었다. 그립다. 그곳.

딴짓 여로

교육원은 교육만 받는 곳이 아니다. 교과목마다 다양한 커리큘럼을 구성해 하루 8시간 빼곡하고 빠듯하게 교육을 진행하지만, 그래도 좋은 이유가 따로 있다. 무엇보다 먹고사는 일에 매달려야 하는 직업의 굴레에서 일시적으로나마 몸을 뺄 수 있다는 점이 특히 그렇다. 이 시간만큼은 해야 할 일을 하지 않아도 된다는 가슴 뻐근한 환희가 있다. 잘 정돈된 책상과 명패를 휘젓고 벌떡 일어나 "될 대로 되라지" 하며 어딘가로 한 열흘쯤 떠나와 버린 듯한.

잠들었던 온몸의 세포가 다시 기지개를 켠다. 나 홀로 녹색 잔디 구장에서 이리저리 공을 굴리다가 골키퍼 없는 골문에 힘껏 공을 차 넣고 아무렇게나 드러누워 시야 가득 푸른 하늘을 바라보는 해방감이나 일탈감은 그 무엇으로도 대체할 수 없다. 무성한 숲속의 오솔길을 지나 호젓한 벤치의 그늘에 앉아 즐기는 잠깐의 여유나 졸음에 겨운 쓸모없는 사색마저도 가슴을 들뜨게 한다.

그뿐이랴. 수업시간의 딴짓은 나이와 무관하게 여전히 솔깃하고 짜릿한 긴장감을 준다. 우정사업의 현재와 미래는 나만이 걱정할 문제는 아니다. 채권이나 펀드의 투자수익률은 내 생애에서 따질 이유가 몇 번이나 있을까. 은퇴설계는 단순하고 뻔한 내 생애가 고스란히 드러나는 느낌이 들어 싫기도 하지만 발등에 떨어진 불도 아니다. 이러다 보니 딴짓하기에 딱 좋은 환경으로 교육원만 한 곳이 없다는 생각도 전혀 어처구니없지는 않다.

학창시절 수업시간의 딴짓 메뉴는 만화가 대세였고 때로 삼국지에 심취하기도 했다. 선생님마다의 성격과 취향에 따라 다르긴 했지만, 딴짓하다 들키면 반드시 통과해야 할 의례(?)가 있었다. 한 번은 꾸지람을 듣는 것으로 충분하다. 두 번째는 손바닥 몇 대 정도면 된다. 그러나 서너 번을 넘기면 무사하기 어렵다. 종아리를 걷어야 하거나 엉덩이 찜질을 면치 못한다. 다섯 번 이상이면 상습범에 해당한다. 때문에 그치들은 가중처벌 대상이다. 매 맞는 것은 물론이고 일주일 이상 역겨운 냄새가 진동하는 변소(그때는 화장실이라는 말은 쓰지 않았다.) 청소를 견뎌야 한다. 학급의 온갖 잔심부름과 뒤치다꺼리도 당번 완장을 찬 그치들의 몫으로 돌아간다. 그래도 딴짓은 좀체 사라지지 않는다. 위험을 무릅쓰지 않으면 그 은

밀하고 짜릿한 즐거움을 누릴 수 없기 때문이다. 요즘의 때깔 좋은 비즈니스 용어가 그때에도 실존했던 모양이다. '위험 속에 기회가 있다'는 그 '위기'의 논리 말이다.

점심식사를 마친 나른한 오후, 부동산 강의 시간에 유소림의 산문집『퇴곡리 반딧불이』곳곳에 밑줄을 긋는다. 어릴 적 책상 밑에서 몰래 훔쳐보았던 만화책보다야 재미가 덜하겠지만, 오히려 그때의 추억을 양념으로 비벼 넣고 한 숟갈 두 숟갈 밥술을 뜨듯 책을 읽어 가는 맛이 제법 독특하다. 밭두렁의 고추 모종처럼 심겨 있는 가지런한 문장 속의 글자들을 눈으로 더듬으며 밭고랑을 괭이질하듯 펜으로 행간을 고른다. 머릿속에 가득 벌과 나비들이 날아들고 이마에 땀이 흐른다. 허리를 펴고 하늘을 바라본다. 검은 초승달을 온몸에 새긴 호랑지빠귀 한 무리가 덤불 속에서 날아오른다. 저 멀리 하늘은 높고 푸르다. 밭고랑을 나오듯 행간에서 빠져나와 조용히 펜을 놓으면, 어디선가 건듯건듯 바람이 불어오고 찔레꽃 향기가 코끝을 타고 흐르는 듯 아득한 이 느낌! 유소림의 말처럼 "공연한 짜증과 사소한 분노, 남들 구경의 피곤함, 이유 없는 초조함"은 아예 끼어들 틈이 없다.

아무 생각도 나지 않는다. 머릿속은 아이들이 뛰놀다가 돌아간 저물녘의 공터처럼 한가롭다. 적막하다. 거기에 노을이 물들고 비둘기 몇 마리 날아들면 내 생애의 평화로운 한 폭의 풍경화가 완성되리라.

책장 사이사이에 어제 늦은 저녁 산책길에서 따온 나뭇잎들이 끼워져 있다. 갈피마다 한 잎씩. 책갈피 상단에 이름이 적혀 있다. 회양목, 영산홍, 장미, 병꽃잎, 옥잠화, 산딸나무, 알프스오토메(꽃사과), 살구나무, 쥐똥나무……. 푸른 미소 한 자락 깔고 맑고 깨끗한 영혼들이 곤히 잠들어 있다.

흐느적, 책장을 다시 넘긴다. 흙 냄새, 바람 소리가 흐른다. 퇴곡리 반딧불이가 아슴아슴 눈에 잡힐 듯하다. 손길이 멈춘 24쪽에서 “엷은 여물 냄새가 떨돌”더니, 26쪽에서는 “무청은 시래기가 되고 모과는 향기 높은 차”가 된다. 93쪽에서 메밀꽃이 피기 시작한다. “연둣빛으로 시작된 꽃밭은 하루 이틀 지나면서 순백으로 퍼져”나간다. “새줄나비, 제일줄나비, 애기세줄나비”가 메밀꽃의 젖꼭지를 빤다. 나는 드디어 “봇짐 하나를 메고 정처 없이 떠돌다가 토벽이 무너진 산골방에서 하룻밤 쉬어가는 나그네”가 된다…….

행복하여라. 아름다운 나만의 딴짓이여!

버섯 퍼레이드

오래전에 찍은 사진들이다. 반갑다. 요즘 비가 내리고 그치기를 반복한다. 무덥고 습해서 버섯들이 자라기 좋은 환경이다. 아마 그때도 그런 날씨였을 것이다. 동네 뒷산의 등산로 주변을 따라 오밀조밀 군락을 이룬 버섯들을 우연히 발견했다.

그들의 화려하고 싱싱한 퍼레이드에 감탄이 절로 나왔다. 사진을 바라보고 있으려니 생각지도 못한 횡재에 들떴던 그때의 느낌이 고스란히 되살아났다. 각양각색의 모양과 색감이 보는 눈을 황홀하게 했다. 특히 우산 모양을 한 노란 버섯이 눈에 들어왔다. 망태 모양의 버섯도 있었다. 버섯은 꽃을 피우지 않아도 몸 전체가 그대로 꽃이 된다. 꽃이 피지 않으니 질 일도 없다. 따로 무엇을 의도하지 않는 그런 삶이 존경스럽고 부럽다.

버섯에 대해 문외한이지만 오히려 선입견이 없어서 좋다. 처음 만나는 사람을 대하는 것처럼 마음이 조심스럽고 단정해

질뿐더러 신비감마저 든다. 늘 만나는 관계는 친숙하고 다정해서 좋지만 싱겁고 지루하다. 기대감이 떨어지고 두근거림이 사라지면 오히려 귀찮은 존재로 전락하기 쉽다. 그래서 사람들은 헤어지고 만나기를 반복하지도 모르겠다.

처음 접하는 버섯을 바라보며 궁금증에 인터넷을 뒤적거리다 그만두었다. 더 이상 알아서 무엇하랴. 애착과 관심이라는 이름으로 그들을 구속하고 싶지 않아서이다. 눈에서 멀어져도 내 마음에는 가득 버섯꽃이 피어나고 있다. 진정한 사랑은 김소월의 「산유화」처럼 "저만치"의, 조금은 아득한 거리가 필요한 것 아닐까? 사랑은 사랑으로 꽃피지만 지나치면 꽃을 시들게 한다.

산에는 꽃 피네

꽃이 피네

갈 봄 여름 없이

꽃이 피네

산에

산에

피는 꽃은

저만치 혼자서 피어 있네

산에서 우는 작은 새여

꽃이 좋아

산에서

사노라네

산에는 꽃 지네

꽃이 지네

갈 봄 여름 없이

꽃이 지네

- 김소월, 「산유화」 전문

작은 풍경

전주천을 건너 고속버스터미널로 가는 길. 잠시 나를 멈추고 작은 풍경을 카메라에 담습니다. 그러면서 세상을 스치기만 하면서 살아오지 않았나 하는 안타까운 마음이 들었습니다. 살아오면서 나를 멈추게 하는 풍경이 많았을 텐데, 화려하고 큰 풍경들에만 욕심을 부린 내 삶을 반성합니다. 이제 작고 하찮은 풍경들과 오순도순 등 부비며 따뜻하게 살고 싶습니다.

영하의 추위 틈새로 맑고 고운 햇살이 발그레한 얼굴을 내미는 아름다운 시간이 지나가고 있습니다.

짧은 이 순간, 행복합니다. 감사합니다.

100% 인간

샘골터미널을 지키는 파수꾼이 있습니다. 이름은 모릅니다. 그래서 누구도 그의 이름을 불러본 적이 없지만, 한 번쯤은 '마음' 이라고 불러도 좋겠다고 생각만 하고 있습니다.

마음이는 배운 게 없으니 아는 것도 별로 없습니다. 다만 "착하게 살아라"라는 엄니의 말씀이 인생의 유일한 지침이랍니다. 쓰레기 잘 줍고, 어르신들 무거운 짐 신나게 옮겨 주고, 싸움 말리다 새우등 터지고, 주변의 교통정리도 썩 잘합니다. 그의 일상은 이처럼 잡다하고 늘 바쁘기만 합니다. 오늘도 마음이는 택시기사와 함께 주변 교통 대책을 의논하느라 여념이 없겠군요.

마음이는 어른들에게는 놀림감이고, 아이들에게는 장난감이기도 하답니다. 그러나 마음이에게 비웃음 같은 것은 아무것도 아닙니다. 세상이 마음이에게 주는 비웃음을 모두 웃음으로 껴안아 버리면 그만이니까요.

마음이는 어깨너머 등에 항상 빨간 '뿅망치'를 꽂고 다닙니다. 저는 그것을 '도덕의 망치'라고 부르고 싶은데, 마음이도 마음에 드는지는 알 수는 없습니다. 나는 그 망치를 보면 습관처럼 내가 오늘 착하게 살았을까, 자문해봅니다. 잘못 살았다면, 그 망치로 흠씬 두들겨 맞아야 할 것 같아 등골이 오싹해지기도 하더군요.

그러나 마음이는 한 번도 그 망치를 사용한 적이 없답니다. 마음이 엄니가 그에게 내려준 인생의 지침 속에는 폭력이라는 단어는 어디에도 없었거든요. 단지 착하지 못한 사람들에 대한 일종의 경고등이겠지요. 경고등이 울리는 경우는 한 번도 없었지만, 마음이가 몇 번쯤 슬프게 우는 것을 보았습니다. 그렇지만 마음이가 우는 것으로 경고등을 켠다는 사실을 아는 사람이 과연 몇이나 될까요.

나는 마음이를 '100% 인간'이라고 생각합니다. 아는 건 별로 없지만, 아는 건 모조리 실천하니까요. 알아도 모른 척하고 자기 이익이 아니면 나서지 않는 우리에게, 마음이는 비양심적이라고 말하지 않았지만, 우리는 그렇게 알아들어야 합니다. 뜨거운 심장 속에 손을 넣고 뼈저리게 느껴야 합니다. 우리들은 모두 마음이보다 아주 많이 똑똑한 인간들이니까요.

일주일

일주일이 지났다. 소란스럽고 부산했다. 설레는 마음이 없는 것은 아니었지만 낯설고 두려운 마음이 더 컸다. 오랫동안 기다렸지만 막상 닥치고 보니 심란했다. 번거로운 절차에 적응하기 위한 몸부림과 들떠 있는 시간들이 나를 지치게 했다. 축하하는 전화와 메시지에 응답하는 들뜬 내 목소리는 평소의 나와는 거리가 먼 것이었다. 도열한 축하 화분의 화려한 꽃은 몸에 어울리지 않는 옷을 입은 것처럼 거북하고 부담스러웠다. 눅눅하고 어두운 진흙 속을 걷는 것처럼 발걸음이 어설프고 무거웠다. 이삿짐만큼이나 버거운 책임감이 어깨를 짓눌렀다. 특별한 일 없이 고만고만하게 지나간 그동안의 지루한 일상이 오히려 그리웠다. 빨리 그곳으로 돌아가 나다운 나를 다시 마주하고 싶었다. 그랬다.

그리고 오늘 전주천 둔치에서 흘러가는 강물을 바라보며 고단한 내 삶의 여정을 되새긴다. 마치 깊고 어두운 터널에서 빠져나와 안도의 한숨을 쉬는 것처럼 편안하다. 이제 그만 편안했으면 좋겠다. 이 자리에 오기까지 짧지 않은 세월이 흘렀다. 영광의 시간도 있었지만, 치욕과 굴욕의 시간이 더 길었다. 한때 세상의 모든 것을 다 얻은 것처럼 기뻤다. 기쁨으로 날뛴 오만한 시간이기도 했다. 더 많은 욕심이 나를 지배했다. 더 높은 야망이 나를 뒤흔들었다. 분별없는 생각과 거침없는 행동이 주변을 불안하게 했다. 사람들을 힘들게 했고 사람들을 떠나게 했다. 나의 리더십은 오케스트라를 아우르는 지휘봉이 아니라 전쟁터의 날카로운 칼이었다. 조화가 아니라 분열이었고 상처였다. 꿈과 희망의 리더십이 아니라 얄팍한 꼼수와 전략의 탈을 쓴 속임수였다.

결국 내가 놓은 덫에 내가 걸려들었다. 세상을 탓하고 몸부림쳤지만, 세상은 나를 버리고 나를 제외한 채, 아무렇지도 않게 잘도 굴러갔다. 나는 세상의 수레바퀴가 남긴 보잘것없는 물웅덩이에 지나지 않았다.

세상의 문은 그렇게 닫혔다. 나는 닫힌 문을 잠그고 세상 밖으로 열쇠를 던져 버렸다. 분노와 슬픔과 좌절과 고뇌의 시간이 내 가슴과 머릿속에 한 땀 한 땀 울분의 서사를 깊고 아프게 새겨 넣었다. 혹독하고 비열한 시간이었다. 나는 황량하고 척박한 무인도에 스스로를 유배했다. 위리안치圍籬安置의 병든 세월. 찾아오는 사람도 소식도 없었다. 세상으로 나가는 뱃길은 이미 끊겼다. 험한 파도와 휘몰아치는 바람이 내 심장의 절벽을 할퀴고 허물었다. 죽고 싶었지만 죽을 용기마저 없었다. 나는 분명 실존했지만, 실존하는 나는 어디에도 없었다.

그러나 역설적이게도 그 척박한 시간들이 오히려 나를 구제할 기회를 제공했다. 그것은 행운이었고 신이 나에게 준 마지막 선물이었다. 어떤 상상과 초월이 나를 이끌었다. 내가 사라진 자리에서 전혀 새로운 이미지가 나타났다. 본능이었고 아득한 꿈이었다. 오염되지 않은 태아의 청신한 울음과 눈물 같은 것이었다. 거기에는 어떤 의미도 없었고 은유도 상징도 아니었다. 그것은 태초의 공간을 휘젓는, 해석할 수 없는 낯선 몸짓이었다. 샤머니즘적이고 주술적인 몸부림이자 뜨거운 열락이었다. 그리고 그 끝에 주저앉은 아주 낮고 겸허한 침묵 속에서 나는 조용히 붓을 들고 그것들의 흐릿한 모습을 조심스럽게 복기했다. 나의 시는 그렇게 탄생했다. 나는 그렇게 시인이 되었다. 시는 나를 구제하고 세상 밖으로 나가는 길과 방법을 가르쳐 주었다.

다시 세상 밖으로 나온 나. 세상은 여전했지만 세상을 바라보는 나는 예전의 내가 아니었다. 시는 나에게 작품으로서 완성이 아니라, 과정으로서 놀이였다. 그래서 시가 있는 세상은 나에게 다시 즐거운 놀이터로 환생했다.

공직 32년, 생애의 막다른 길목에서 마지막 영광의 문턱을 넘었다. 소도시의 우체국장이 내게 주어진 마지막 임무가 될 것이다. 이제 나에게 비상을 거부하는 계단은 더 이상 없다. 그러기에 내 남은 생애의 덕목은 자유다. 여기 이 자리에서 여유로운 시간과 자유로운 몸짓으로 조용히 차분하게 나머지 공직생활을 마무리하게 될 것이다. 어떤 빛나는 결과를 기대하지도 기다리지도 않는다. 다만, 소박한 하루하루의 과정을 소중히 껴안으며, 시가 있는 세상의 고즈넉한 저녁노을 속에서 시나브로 시나브로 물들어 가기를 간절히 기도할 뿐이다.

가을 사랑

가을은 낮은 곳을 바라보는 계절입니다. 낮은 곳에 떨어진 나뭇잎은 한 점 욕망도 없이 나무를 위해 거름이 되고 작은 생명들에게 보금자리를 나누어 줍니다. 거기에는 애오라지 씨앗을 덮는 고운 흙처럼 생명을 감싸는 부드럽고 훈훈한 사랑의 몸짓만이 존재합니다.

높은 곳만을 바라보는 사람들은 불행합니다. 나 아닌 타인 모두를 적이나 경쟁자로 돌리고 늘 자신을 지키기 위해 긴장하고 경계하고 분노합니다. 극복해야 할 대상으로 둘러싸인 삶은 거칠고 각박할 수밖에 없습니다. 높은 곳에 사는 사람들은 늘 자기중심적이고, 낮은 곳에 있는 사람을 낮은 곳에 있다는 이유만으로 하찮고 시시하게 여깁니다. 생명은 낮은 곳에서 시작하고 자란다는 사실을 알지 못하기 때문입니다.

나뭇잎을 모두 내려놓은 헐벗은 나무를 보면 알 수 있습니다. 나무의 높이는 결코 높은 곳에 있지 않습니다. 뿌리가 나무의 높이를 키우고 있습니다. 낮은 곳의 깊이가 곧 나무의 생명입니다. 낮은 곳의 깊이를 알지 못하는 나무는 한 뼘도 자랄 수 없습니다. 가을은 그것을 깨닫게 합니다. 가진 것 다 버리고 찬바람 속에서 깊고 어두운 뿌리 하나로 버티고 설 때만이 진정한 사랑으로 거듭날 수 있습니다. 사랑은 욕심도 소유도 아닙니다. 사랑은 낮고 더 낮음의 깊이를 통해 성장합니다.

가을은 오르막길이 아니라 내리막길입니다. 겁 없는 상승보다는 조심스러운 하강입니다. 치뜬 눈을 아래로 내리고 온몸의 힘을 빼야 합니다. 잔뜩 들어간 힘을 빼는 순간 발걸음은 더욱 경쾌하고 유연해질 것입니다. 가을은 힘을 버리는 계절입니다. 모았던 힘을 다른 사람과 함께 나누는 계절입니다. 기운을 빼고 뒤를 돌아보며 두루두루 주변을 살피는 귀중한 시간입니다. 백지 앞에서 부푸는 욕심으로는 한 줄의 문장도 완성할 수 없습니다.

가을은 재방송을 보는 계절입니다. 이제 막 개봉한 신작 영화가 아니라 흘러간 옛 영화를 다시 찾아보는 계절입니다. 거기에는 예전에 미처 보지 못했던 귀중한 것들이 있습니다. 놓치고 살았던 맑고 순수한 감각이 다시 꿈틀거립니다. 잘 살기 위해 잘못 살아온 많은 세월들 앞에서 자신도 모르게 눈물이 흐릅니다. 모든 아름다운 것들은 눈물을 부른다고 했습니다.

올가을의 이 눈물이 우리를 더욱 아름답게 할 것입니다. 시간이 지속되려면 시계의 태엽을 감아야 합니다. 가을은 나를 들여다보는 거울입니다.

나뭇잎이 한 잎 두 잎 낮은 곳으로 내려오고 있습니다. 우리도 낮은 곳으로 내려가야 합니다. 그곳은 본래 우리가 있던 곳입니다. 어머니가 사랑을 잉태한 곳입니다. 우리는 그곳에서 사랑 그 자체로 태어났습니다.

이제 키 큰 나무가 아니라 울창한 숲이 아니라, 헐벗은 나무의 낮고 깊은 뿌리로 진정한 사랑의 높이를 실천할 때입니다. 한 줌 낙엽으로 묵정밭의 거름이 되거나, 가난한 사람들의 아궁이 속에서 나를 불살라 따뜻한 한 끼가 되어야 합니다.

조바심 속에서 불안한 내일에 기대지 말고 내리막길을 걸어 낮은 곳으로 내려와야 합니다. 허겁지겁 새로움만을 쫓는 생방송이나 개봉영화가 아니라 우리들의 삶을 되감기하고 다시 보게 하는 재방송에, 흘러간 옛 영화에 귀를 기울여야 합니다. 그리하여 이 가을, 우리들의 낮은 사랑으로 온 세상이 홍시처럼 붉고 달콤해지기를 바라마지 않습니다.

가을 우체국 앞에서

가을이 떠나고 있다. 떠나는 가을이 단풍마저 모두 데려가 버렸는지 그 자리에는 헐벗은 나무와 갈색의 적막만이 서늘하다. '가을'의 준말은 '갈'이다. 그렇다면 '가을 색'의 준말은 '갈색'이라고 해도 크게 틀린 말은 아닐 텐데, 사전 어디에도 그런 뜻은 없다. 갈색의 사전적 의미는 '검은빛을 띤 주홍색'이다. 빨간색과 검은색의 혼합. 생기 없는 삭막한 그 색상 위에 그리움을 덧칠한 오후의 산자락이 어두운 그림자를 시나브로 내리고 있다. 막막하고 쓸쓸하다. 가을 우체국이 그렇게 저물고 있다.

오랜만이다. 우체국 밖에서 우체국을 바라본다. 우체국에 대해 너무 잘 알아서(나는 30년 넘게 우체국 사람이었으므로) 오히려 무심했을까? 오늘은 우체국의 외로운 어깨를 문득 껴안고 싶어진다. 가을 우체국 앞에서 그대를 기다리다 우연한 생각에 빠져 날 저물도록 몰랐다는 가수 윤도현처럼 그렇게 우체국을 다시 만나고 싶다. 그저 막막한 그리움을 안고 낮은 곳을 향해 떨어지는 낙엽을 바라보며 갈 곳 없는 한 통의 편지에 기대고 싶다. 우체통처럼 빨갛게 두근두근 가슴을 물들이고 싶다.

사랑하였으므로 행복했다는 어떤 시인 덕분에 우체국은 에메랄드빛 하늘이 환히 내다보이는 큰 창문이 있고, 아직도 그 아래에서 한 망울 연연한 진홍빛 연서를 써 내려가는 누군가 있을 것만 같다. 하지만 시인은 세상을 떠난 지 오래고 사람들은 더 이상 편지를 쓰지 않는다. 우체국에 하늘이 보이는 창문이 있는지 없는지 관심이 없다. 제각기 한 가지씩 족한 얼굴로 와서 슬프고 즐겁고 다정한 사연들을 보내는 사람들도 이제는 먼 추억의 빛바랜 그림자가 되고 말았다.

365코너에서 자동화기기 속 여인의 건조한 목소리를 불러내 입력한 숫자만큼의 지폐를 꺼내 주머니 깊숙이 찔러 넣고, 번호표를 뽑아 이름 대신 숫자를 부르는 창구로 달려가 우편물을 맡기고 부리나케 우체국을 빠져나가는 사람들……. 우표를 붙인 편지 귀퉁이에 아늑하고 아득하게 지나가던, 마치 오막살이 옆 철길처럼 완만한 여섯 줄 곡선의 일부인 인영은 찾아볼 수 없다. 이제 그 자리에는 하얗게 질색한 각진 얼굴의 증지가 엉거주춤 주저앉아 있을 뿐이다. 많이 변했다. 변하지 않으면 살아남을 수 없다는 현대 자본주의의 명제 앞에서 우체국도 예외가 될 수 없었던 것일까.

변한 것은 우체국의 겉모습뿐 아니라 속사정도 마찬가지다. 비가 오나 눈이 오나 산간오지를 자전거와 두 발로 누비던 집배원들의 헌신은 과로사의 무덤 속에 갇혔다. 그들은 우편물을 배달하는 손에 깃발을 들고 광장으로 몰려가고 있다. 노사 갈등은 칼날 위의 곡예처럼 위험하다. 직원들은 누적되는 적자에 허덕이며 하루하루 살얼음판을 걷고 있다. 공익을 위해 일해야 할 공무원이 이익을 내기 위해 시장을 향해 몸을 내던지고 있다. 330원짜리 편지로는 돈이 안 된단다. 그래서 기업화주 모시기에 전략과 자원이 집중된다. 우체국의 고객은 보통의 국민이 아니다. 자본가와 기업가가 우체국의 중요한 고객으로 자리 잡은 지 오래이다. 돈 잘 버는 직원이 능력 있는 직원으로 대접받는다. 때로는 보험을 잘 파는 FC(보험설계사)가 직원보다 더 낫다고 생각한다. 그러니 우체국의 오늘은 힘겹고 내일은 불안하지 않을 수 없다.

지금 우리 사회는 모든 영역이 시장(무엇이든 돈으로 환산해 가격을 매기고 매매가 이루어지는)으로 변한 지 오래이다. 시장의 이익 앞에서는 생명도 사랑도 안중에 없다. 돈이 곧 신이다. 이처럼 많은 사람들이 기꺼이 맘몬(물신)을 섬기는 시대에 우체국 역시 고유의 정체성을 유지하기 어렵다. 유구한 '역사'와 두터운 '인정'과 사람 냄새 나는 '문화'를 잃어버린 채 방황하고 있다.

하지만 편지 없는 우체국을 상상할 수 없듯이 우체국 없는 세상을 상상할 수 없다. 사람들은 여전히 따뜻한 마음과 사연이 모이는 우체국을 기억하고 있다. 보내는 사람의 체온이 받는 사람에게까지 고스란히 전달되는 손 편지를 변함없이 사랑하고 그리워한다. 우체국 앞에서 자판을 펼치고 과일 장사를 했던 턱수염 아저씨가 매일같이 내밀던 꼬깃꼬깃한 지폐와 때 묻은 동전. 그렇게 저축한 돈으로 어렵사리 학업을 마칠 수 있었던 어느 청년의 삶이 뭉클하게 기록된 우체국의 역사는 우리 모두의 고향이자 안식처이다.

그러기에 나는 시장 논리에 기대 우체국이 없어도 아쉬울 게 없다고 말하는 못된 사람들에게 무조건 저항하고 싶다. 안 된다고! 우격다짐으로 빈틈없어 보이는 그들의 천박한 자본주의를 멱살 잡아 흔들고 싶다. 사회의 그늘에서 고통받는 사람들을 위해, 보호받지 못하는 소수의 약자들을 위해, 나날이 희망을 잃어 가는 청년들을 위해, 당신 자식들의 꽃다운 마음밭을 위해 우체국은 반드시 우리 곁에 있어야 한다고 은근하게 속삭여 주고 싶다. 그래도 가끔은 따뜻한 국물 같은 사연을 목마르게 기다리는 사람들을 생각하며, 그래도 아직은 편지는 손 글씨로 꾹꾹 눌러쓰고 우표를 붙여 우체통에 넣어야 한다고 굳게굳게 믿는 사람들을 생각하며 조금은 느려도 좋지 않겠냐고, 여유롭고 향기롭게 살아도 좋지 않겠냐고 중얼거리고 싶다.

그리고 오늘, 낮은 발자국들이 오르내리는 가을 우체국 앞에서 에메랄드빛 하늘을 펼치고 빨간 마음 가득한 당신을, 당신의 곱고 정 깊은 마음을 무작정 기다리고 싶다.

이루려 하면 헛되느니라

"이루려 하면 헛되느니라."

무위당 장일순 선생의 가르침이다. 이 말에 절대적으로 공감하지는 않지만, 그렇게 살아야 할 것 같다. 나이가 나이이고 보니 더욱 그렇다. 무엇을 이루려 노력했던 세월이 다 헛된 것처럼 느껴진다. 공직생활 30년, 그 짧지 않은 세월에 이루려 노력했던 것은 무엇일까? 생각해 보면 대부분 헛된 욕심에 불과했다. 내 작은 욕심은 누군가를 늘 불편하게 만들었다. 내가 앞서가기 위해 앞서가는 누군가를 밀어내야만 했던 분별없는 행동들. 나에게 밀린 그가 겪었을 고통을 생각하면, 당연한 듯 그랬던 나의 어처구니없는 행동이 얼마나 부끄러운 것이었는지 지금도 고개를 들 수 없다.

실상은 그렇게 욕심을 부려 내가 얻은 것도 없다. 그저 한 순간의 달콤함이었고, 너를 이겼다는 짧은 환희에 불과했다. 그것은 내가 너보다 똑똑하다는 못된 자만심이나 우월감에 지나지 않은, 그야말로 헛된 것이었다. 입안의 사탕발림을 위해 소중한 것을 많이 놓치고 살았다. 더불어 잡은 손의 체온과 마주 보는 얼굴이 보내는 잔잔한 미소를 느끼지 못했다.

그래서 앉은 자리, 선 자리가 중요하다. 지금의 나를 제대로 보아야 한다. 내가 어디에서 무엇을 하고 있는지, 제대로 가고 있는지를 지금의 앉은 자리, 선 자리에서 잘 살펴야 한다. 잘못된 어제를 오늘 바로 잡지 않으면 내일도 어제의 길과 다르지 않다. 오늘만이 중요하다. 내일은 오늘의 그림자일 뿐이다.

부나방처럼 불빛만을 좇는 삶은 곧 죽음을 의미한다. 내가 서 있는 이곳이 어둠이라 할지라도 여기에 불을 밝혀야 한다. 어둠을 피해 먼 곳의 불빛을 좇는 삶은 부나방의 생과 다르지 않다. 현재 내가 있는 자리만이 삶의 시작이요, 끝이다. 이 자리에 나무를 심고 무성한 그늘을 만들어야 한다. 지금 여기에서 꽃을 피우고 꿀과 향기와 열매를 함께 나누어야 진정으로 아름다운 삶이다. 아름다운 추억도 밝은 미래도 모두 당신의 앉은 자리, 선 자리에서 비롯된다. 여기를 떠나 억지로 무엇을 이루려 할 때 너와 나 그리고 우리, 세계의 불행이 시작된다.

"자연은 이루려 하는 자와 함께하지 않느니라."

나를 잊음으로써 나를 찾는다

마음이란 무엇일까? 때때로 내보일 수 없어서 답답하기도 하지만, 감출 수 있어서 편안한 이중적 존재가 마음이다. 마음이 하자는 대로 다할 수 없기 때문에 우리는 아닌 척하며 살아간다. 아무리 친한 사이라도 마음을 다 털어놓을 수는 없다. 부부는 일심동체라고 말하지만 '일심'이 되는 순간 '이체'가 될 수밖에 없다. 보일 듯 말 듯 마음을 감추는 기술이 더불어 사는 지혜이고 배려라고 말하기도 한다. 슬퍼도 기쁜 척해야 하고, 기뻐도 내색하지 말아야 할 때가 있다. 내가 그렇지 않더라도 타인의 슬픔을 적당히 껴안을 줄 알아야 좋은 관계를 유지할 수 있다. 화내는 것조차도 웃으면서 화내는 기술이 필요하다고 하지 않는가.

이 같은 이중성을 바탕으로 사람의 마음에는 선과 악이 공존한다. 하나의 마음 안에 지킬 박사와 하이드가 둥지를 틀고 함께 살고 있는 것이다. 누구나 불쌍한 사람을 가엽게 여기고 선행을 베풀며 연구에 매진하는 지킬 박사의 모습을 닮을 수 있지만, 서늘한 눈빛과 찌그러진 얼굴에 난쟁이만 한 덩치를 가진 하이드의 악한 마음을 동시에 지니고 있다. 다만 그런 나쁜 마음을 타인에게 들키지 않기 위해 감추고, 하이드보다는 지킬 박사의 선한 마음을 키우기 위해 노력하고 있을 따름이다.

독일 출신의 미국 정치학자 한나 아렌트가 쓴 책『예루살렘의 아이히만』에 '악의 평범성'이라는 말이 등장한다. 착한 사람과 악한 사람이 따로 있는 것이 아니라, 누구나 특수한 상황에서는 악한 기질을 드러낼 수 있다는 것이다. 2차대전 당시 히틀러 정권의 명령에 따라 유대인 학살에 가담했던 독일인들을 나쁜 사람이라고 치부할 수만 없는 이유가 여기에 있다. 이러한 유형의 악의 평범성은 지금도 현재 진행형이다. 오랫동안 내전을 벌이며 학살이 일상화된 시리아나 마약 범죄자를 재판 없이 사형에 처하는 필리핀의 사례가 그렇다.

이중생활은 완벽할 수 없다. 꼬리가 길면 반드시 들통나 한바탕 곤욕을 치러야 한다. 이 같은 이중생활의 민낯처럼 악은 어떤 조건이 성숙되면 반드시 본 모습을 드러낸다. 마음 한쪽에 도사리고 있는 나쁜 욕망을 억제할 수 없었던 지킬 박사처럼 우리 모두의 마음속에 하이드가 숨어 있어서 악의 조건이 성숙되기를 호시탐탐 노리고 있는지도 모른다.

그렇다면 선과 악이 공존하는 이중생활을 청산할 수는 없을까? 외과적 수술을 통해 인간의 마음에서 악을 도려내지 않는 한 그것은 불가능한 일이다. 그렇게 해서도 안 되고 그렇게 할 수도 없는 일이겠지만, 인간의 본질인 마음을 통제할 수 없다면, 인간의 마음이 하이드로 변신되는 상황을 만들지 않는 것이 중요하다. 악행에 살인까지 불사하며 욕망을 분출하는 하이드의 모습에 깊이 좌절하고 스스로 목숨까지 버린 지킬 박사의 도덕적 태도처럼, 악의 본질에 대한 위험성과 사회적 성찰을 강화하는 것이 중요하다. 부패와 부도덕을 철저히 배격하는 사회적 환경을 만드는 것이 하이드의 마음을 억누르는 최선의 방법이다.

성 프란치스코(1182~1226)가 쓴 「평화의 기도」에 "나를 잊음으로써 나를 찾으며"라는 시구가 나온다. 나를 잊는다는 것은 나 외에 다른 무엇에 가치의 중심에 놓는다는 뜻이다. 나보다 타인을 위해, 어려움에 처한 이웃과 인류를 위해 헌신한다는 선한 정신의 발로는 나를 잊는 것으로부터 시작된다. 자신의 부와 명예와 성공에 매달려 사는 삶은 하이드의 본성에 가깝다. 그런 사람들이 차곡차곡 모인 사회는 악의 사회와 다를 바 없다. '나' 하나의 선한 삶이 선한 사회를 만드는 첫걸음이 될 수 있다. 선함의 유래를 꼭 종교적인 것에서 찾을 필요는 없다. 모든 인간의 마음은 선함에 기초하고 있기 때문이다. 악에 물들기 쉬운 나를 버리고 선함을 추구하는 행동만이 진정한 나를 찾는 지름길이다.

일탈과 방황의 회귀

요즘 들어 지루하다는 생각이 들 때가 많다. 매사 시큰둥하다. 매일 출근하고 처리해야 할 일이 많지만 도무지 흥이 일지 않는다. 일 처리도 매끄럽지 않고 작은 실수들이 잦다. 나른한 봄을 탓할 수도 있지만 봄만이 이유의 전부는 아니다. 오히려 나이 탓을 하는 게 정답일 수 있다는 슬픈 생각마저 든다. 어쩌면 인생은 언제 끝날지 모르는 지루한 음악이거나, 지루하게 이어지다가 예기치 못하는 지점에서 느닷없이 끝나 버리는 실패한 음악일지도 모르겠다.

음악에서 곡을 끝맺음하는 형태를 '종지형'이라고 한다. 청중의 입장에서는 아무리 훌륭한 음악이라도 곡이 언제 끝날지 모른다면 지겹거나 불안해하지 않을 수 없다. 그래서 작곡가들은 성공적인 종지형을 구현하기 위해 많은 노력을 기울인단다. 결국 종지형은 그 곡의 존재 이유와 성패를 가르는 중요한 가늠자임에 틀림없다. 그런데 잘 끝내는 것이 잘 끝내는 것에만 그치지 않는다는 것이다. 어쩌면 곡 전체가 잘 끝내기 위한 하나의 과정인지도 모른다. 조성(주음 및 그 화음에 따라 결정되는 곡의 성질) 전체를 아우르는 종지형도 중요하겠지만, 조성이 잘못되면 종지형으로 아우르는 것 자체가 무의미할 수 있기 때문이다.

그러나 잘못 살아온 인생이라고 해서 포기할 수 없듯이, 잘못된 악보 전체를 쓰레기통에 처박을 수는 없다. 다시 다듬고 고치고 보태서 쓸 만한 작품으로 만들어 내는 지혜가 필요하다. 그 역할 역시 종지형이 수행할 수밖에 없다. 그래서 종지형은 단순히 아우르기만 하는 것이 아니라 성찰의 기회(잘못된 것을 다듬고 고치고 보태는)를 제공하는 효율적인 수단이기도 하다.

근대 서양음악에 '조성의 일탈과 회귀'라는 개념이 있다. 음악의 조성을 일종의 가출(또는 일탈)로 해석한다. 집을 떠난다는 의미는 고난과 역경의 시작이기도 하고, 집으로 돌아가기까지 방황은 계속될 수밖에 없다. 그러나 방황 끝에 회귀한 조성은 예전의 그것이 아니라, 고난과 역경을 통해 단련된 보다 성숙한 조성이다. 결국 음악에서 마무리(종지형)는 전혀 새로운 방법의 시도가 아니라, 일탈과 방황의 여정을 통과한 조성 전체의 파노라마를 하나의 핵심으로 수렴하고 종합하면서 새로운 전망을 제시하는 중요한 기능을 수행한다고 하겠다.

내 나이 이제 오십을 훌쩍 넘겼다. 그야말로 일탈과 방황의 끝을 지나 조성이 원래의 집으로 회귀하듯 삶을 마무리해야 할 시점이다. 조성의 성공적인 회귀 여부에 따라 곡 전체의 수준이 좌우된다면, 내 인생의 성공 여부는 지금부터인지도 모른다. 잘못되었다면 무엇이 잘못되었는지 살펴야 한다. 욕심은 버리고 성격은 다듬고 습관은 고쳐야 한다. 부족한 부분은 그것이 욕심이 아닌 이상 다시 채워야 한다. 게을러서는 안 되지만 여유와 사색이 늘 충만하기를 바란다. 이것이 내 인생의 종합이고 요약이며, 내가 나에게 제시하는 새로운 전망이다. 나는 내 인생이 지루하게 흐르다 느닷없이 끝나 버리는 음악이 아니라, 소박하지만 울림이 있는 전원 교향곡으로 잘 마무리되기를 진심으로 바란다.

진도 아리랑과 카르페 디엠carpe diem

살다 보면 무력해질 때가 많다. 되는 일도 없고 안 되는 일도 없다. 어제와 다름없는 오늘이 또 가고, 오늘과 다름없을 내일 앞에 절망한다. 심심하고 무덤덤한 일상은 늪이다. 허우적거리며 탈출을 꿈꾸지만 늘 제자리다.

어제도 그랬다. 친구에게 전화를 했다. 소란스럽게 떠들고 질펀하게 취했다. 오전 내내 숙취에 시달리다가 내가 발견한 것은 어제와 변함없는 나일 뿐. 같은 시간에 반복되는 출퇴근, 늘 만나는 사람과 일들, 1년 내내 변동 없는 급여명세서, 심지어 낮과 밤의 반복과 사계절의 순환조차 지리멸렬하다. 만기일 없는 적금처럼 꼬박꼬박 나이가 쌓이고 주름은 늘어만 간다. 그러다가 어느 순간 모든 것이 끝나 버릴 것 같은 두려움에 오싹하기도 하면서.

그래서 사람들은 계절마다 나들이를 일삼고, 자동차 배기량의 크기를 늘리고 브랜드를 바꾼다. 해외로 골프 여행을 떠난다. 생일과 결혼기념일을 꼬박꼬박 챙긴다. 시답지 않은 온갖 모임을 만들고, 스마트폰에 일정을 빼곡하게 저장한다. 자신의 게으름을 탓하고 후회하고 순간순간 재촉한다. 그런다고 변하는 건 없다. 시간이 모자라서 바쁜 게 아니라, 지루한 시간을 채우기 위해 바쁘다. 바쁜 척한다.

우리는 안다. 우리들의 쓸쓸한 몸부림을. 진도 아리랑은 우리의 몸부림을 닮았다. 그래서 진도 아리랑은 우리의 운명을 달래는 한풀이의 곡성이다. 겉으로는 기쁨과 욕망으로 들떠 있지만, 속울음이 깊은 노래.

"서산에 지는 해는 지고 싶어서 지며
날 두고 가는 님은 가고 싶어서 가나"

"세월아 네월아 오고 가지를 마라
아까운 이 내 청춘 다 늙어 간다"

"꽃 본 나비야 물 본 기러기야 탐화봉접 아니냐
나비가 꽃 보고서 그냥 갈 수 있나"

"십오야 밝은 달은 구름 속에서 놀고
명기명창 화중선이는 장고 복판에 논다"

진도 아리랑은 운명을 거역할 수 없지만, 시간에 맞서 쾌락을 탐하고 욕망을 추구한다. 운명에 무력하게 끌려다니지 말고, 오늘을 즐기라는 한바탕 뜨거운 열락이다. 결국 진도 아리랑은 "오늘 갈지 내일 갈지 모르는 세상"에서 인생은 삶의 의미를 찾는 고행이 아니라, 의미 없는 삶을 어떻게 살 것인가에 대한 방법론을 우리에게 가르친다. 카르페 디엠(carpe diem, 현재를 붙잡아라.)이 바로 그것. 순간은 영원을 위해 봉사하지 않는다.

좋습니다

좋습니다. 뒤숭숭한 꿈속에서 벗어난 오늘의 이 아침이 좋습니다. 나무 우듬지에 잠깐 앉았다 떠나는 새들의 싱싱한 날갯짓이 좋습니다. 가지 끝에서 설레는 미세한 떨림이 좋습니다. 허공 속에서 담뿍 생각에 잠긴 안개 너머의 불투명한 풍경이 좋습니다. 안개 속을 줄넘기하는 바람이 좋습니다. 누이의 단발머리를 손질하는 어머니처럼 헝클어진 바람머리를 빗질하며 반짝이는 햇살이 좋습니다. 나지막한 둔덕에서 손에 손을 잡고 도란도란 속삭이는 넝쿨손이 좋습니다. 오늘도 변함없이 흐르는 강물이 좋습니다. 강물을 가로지르는 징검다리의 둔중한 허리를 감싸며 제 목소리를 내는 물소리의 청량한 울림이 좋습니다. 낮은 풀잎들의 지극한 기울기와 그 기울기를 따라 미끄러지듯 내려가 풀잎 끝에 맺힌 이슬방울들이 좋습니다. 등 굽은 할머니를 따라가는 강아지의 올망졸망한 발걸음과 하얀 콧김과 포도송이 같은 눈망울이 좋습니다. 혼자 사는 할머니와 실패한 예술가에게 가장 필요한 것은 '영감'이라는 말이 갑자기 떠오르는 어처구니없는 내가 좋습니다. 자동발매기에서 흘러나오는 싱그러운 여인의 목소리가 좋습니다. 여인의 목덜미처럼 매끄러운 차표의 감촉이 좋습니다. 이제 막 출발하려는 버스를 앞에 두고 커피 한 잔의 달콤함과 서둘러 피우는 담배 한 개비의 여유가 좋습니다. 차창 밖에서 물러가고 다가오는 풍경들의 변화무쌍한 파노라마가 좋습니다. 아다지오에서 모데라토까지, 알레그로에서 비바체로 가는 다양한 빠르기로 나를 흔드는 소음 속에서 잠시 눈을 감는 고요로운 이 시간이 좋습니다. 붉은 속내를 감추지 못하고 오늘도 발갛게 익은 몸으로 나를 반기는 우체국 앞 우체통이 좋습니다. 편지봉투 귀퉁이에 작은 오막살이 한 채로 다소곳이 들앉은 보통우표와 오막살이 앞마당을 구부러진 몇 개의 철길로 지나가는 일부인의 흔적이 좋습니다. 내성적인 김 팀장의 진지한 눈길이 좋습니다. 외향적인 이 실장의 활발한 몸짓도 좋습니다. 말 많은 손님의 즐거운 이야기도 좋습니다.

하루를 시작하는 이 아침, 나쁜 것을 전혀 발견하지 못한 나의 행운과 정갈한 느낌이 좋습니다. 정말 좋습니다.

밥상을 앞에 두고

아내가 차려준 저녁 밥상을 앞에 두고 문득 떠오른 낯선 이미지 하나가 내 생각을 붙들었다. 한 마리의 비린 물고기를 건져 올리기 위해 분홍빛의 긴 부리를 진흙 속에 파묻고 날개를 파닥이는 새들의 모습이 망막을 강하게 두드렸다. 오로지 먹이에 집중하는 그 풍경은 작은 전쟁을 방불케 한다. 온몸은 이미 진흙투성이가 되었다. 거기에는 빈숲을 가득 채우던 아름다운 목소리와 창공을 선회하던 우아하고 유연한 날갯짓은 더 이상 없다.

허기를 채우고 내 기억의 시야에서 사라진 그 새들은 지금 어디에서 무엇을 하고 있을까? 아마 다시 하늘로 돌아가 아름다운 목소리와 힘찬 날갯짓으로 그들의 세상을 지키고 새로운 길을 찾기 위해 성실하고 착한 하루를 보내고 있을 것이다. 한 끼 저녁 밥상으로 고픈 배를 채우고 따뜻한 가족의 품에서 휴식을 취하며 치열한 내일의 삶을 준비하는 나처럼 말이다.

귀한 나무 열매와 이슬만 먹고 마시며 사는 새들은 없다. 사람도 마찬가지다. 진흙탕 속에서 몸부림치며 먹이를 건지지 않으면 한순간의 삶도 얻을 수 없다. 구체적인 삶은 늘 그렇게 처절함 속에 존재한다. 처절하지 않으면 생존할 수 없다. 물론 자기의 이익을 위해 약자를 짓밟고 착취하는 행위는 탐욕에 불과하지만, 먹잇감은 본질적으로 탐욕의 대상이 아니다. 삶을 유지하고 아름답게 가꾸는 힘의 원천이기 때문이다. 그래서 먹잇감은 그 자체로 생명이자 사랑이다. 아내가 나를 위해 차린 저녁 밥상 위의 흰 쌀밥과 한 토막의 생선에도 아내 자신은 물론, 이미 이 세상 사람이 아닌 아버지와 어머니의 생명과 사랑이 빼곡하게 깃들어 있다.

아버지는 가난한 농부였고 내 가족의 생계는 아버지의 노동에 전적으로 의존했다. 어느 순간 아버지의 노동이 멈추었다면 우리 가족의 삶도 보장하기 어려운 처지였다. 신새벽부터 늦은 저녁까지 이어진 아버지의 노동이 세 끼의 밥과 집과 옷을 만들었다. 하루하루 나의 키를 자라게 했고 텅 빈 내 머릿속에 지식을 채웠다. 나를 사람답게 만들어 세상 속에 내놓은 것은 온전히 아버지의 고단한 노동이었다.

어머니는 내가 초등학교를 다닐 무렵까지 생선 장수였다. 큰 함지박을 머리에 이고 이 동네 저 동네를 발이 닳도록 누비며 비린 생선을 팔아 우리 가족의 굶주린 배를 채웠다. 동네 어귀의 늙은 소나무 아래에서 생선 장수 어머니를 기다리는 일이 어린 나의 일상이었다. 그때의 기다림이 내 그리움의 전부가 되었다.

내 문학의 팔 할은 그때의 그리움 속에서 태어났고 여전히 그 속에서 자라고 있다. 그래서 조금은 슬픈 일이기도 하지만, 나는 지금도 밥 먹는 일 자체가 살아가는 모든 것이라는 집착에서 벗어나지 못하고 있다. 생전의 어머니는 길 떠나 돌아오지 않는 아들이 타지에서 밥 굶을까 걱정하시며 늘 나의 빈 밥그릇을 채워놓으셨으니, 덧붙일 더 이상의 말은 군더더기에 불과하리라.

지금도 여전히 아버지의 노동은 내 맥박을 뛰게 하고 온몸 구석구석에 피를 뿌려 나를 살아있게 한다. 내 몸의 세포 하나하나에는 어머니의 따뜻한 쌀밥 무늬가 곱고 깊게 새겨져 있다. 나는 아버지의 노동과 어머니의 쌀밥 냄새로 삶과 문학의 씨줄과 날줄을 엮고 있다. 내가 하는 일과 내가 사랑하는 모든 것과 내가 꿈꾸는 미래는 모두 아버지와 어머니가 밥을 짓기 위해 몸부림친 아궁이 속 뜨거운 투쟁의 역사에서 비롯된 것이다. 아버지와 어머니를 포함한 태고로부터 시작된 나의 모든 선대들이 생명을 지키기 위해 바친 성스러운 노동과 사랑이 내 앞에 놓인 고봉밥 한 그릇에 고스란히 담겨 있다. 쌀밥 한 그릇이 이토록 눈부시고 아름다운 것은 바로 그 때문이다.

이처럼 먹잇감을 찾는 행위는 그것이 착취가 아닌 이상 탐욕이 아니다. 구차스럽게 때워야 하는 한 끼에서부터 성찬식과 같은 거룩한 한 순갈까지 모두 밥은 생명이고 사랑이다. 그래서 나는 오늘 아내가 차린 소박하지만 정성스러운 밥상 앞에서 예수보다 더 성스럽고 부처보다 더 자비로운 아버지와 어머니의 눈물 섞인 미소를 만난다.

결벽증을 위한 변명

아내는 나에게 대충 살자고 한다. 좀 흐트러지면 어떠냐고. 1급 청정수에 사는 물고기가 대체 얼마나 되는지 알기나 하냐고. 우리가 흔히 알고 있는 대부분의 물고기는 적당히 오염된 물에서 면역력을 단련하며 건강하게 잘살고 있다면서, 급기야는 당신은 너무 맑아서 주변에 사람이 없다고 핀잔하기에 이른다.

그러나 나는 머리로도 마음으로도 아내의 말에 쉽게 동의할 수 없다. 화장실에 들어가면 우선 화장지가 없을 때가 많다. 사용하고 난 칫솔이 제자리를 벗어나 있고, 치약은 뚜껑이 열린 채 가운뎃부분을 아무렇게나 쥐어짜 낸 흔적이 선명하다. 수건은 마른 명태처럼 돌돌 말린 채 걸려 있기 십상이고, 화장실 바닥에 한두 장의 수건이 나뒹굴 때도 흔하다. 이러니 짜증이 안 날 수 있겠는가.

거실로 나와도 마찬가지다. 내 식탁 겸 책상 노릇을 하는 앉은뱅이책상 위에 얼룩이 고스란히 남아있다. 내가 없는 낮동안 거기에서 식사를 하신 모양인데, 뒷정리를 생략한 것이 분명하다. 더구나 그 앉은뱅이책상 위에 가지런히 놓여 있어야 할 소중한 책들이 방바닥에 버려지다시피 한 것을 보면 신성모독의 감정마저 느낀다.(내가 신이 아니기에 참을 수밖에 없지만, 아니 아내는 언제나 나의 신이기에 짜증을 내면 오히려 신성모독의 죄를 범하게 될 처지이만.)

어차피 얘기가 나온 김에 안방으로 한번 들어가 보자. 우선 방바닥에는 허물 벗은 아내의 바지가 보인다. 옷걸이에는 웬 옷이 이렇게나 많은지. 많은 것은 이해한다손치더라도 제대로 걸린 게 없다. 한쪽 바지 속에 어떻게 다른 쪽 바지가 들어갈 수 있는지 나는 상상할 수 없다. 윗도리의 두 팔이 가지런히 빠져나와 있는 것을 찾는 희망은 애당초 버려야 한다. 옷장 문은 항상 무엇인가를 입에 물고 있어야 한다. 피곤하겠다. 늘 입을 벌리고 있는 옷장이여!

그렇게 법석을 떨면 복 달아난다고 하지만 아내여, 나도 그렇게 어수선한 복이라면 사양하겠네. 그렇지 않아도 복잡하고 어수선한 세상, 완벽은 아니라도 대충이나마 완벽하게 살면 어떨까. 우습게 들리겠지만 나는 깨끗하고 모든 것이 제자리에 정돈된 차분한 공간에서 '계란톡 파송송' 라면을 끓이며 책과 함께 보내는 고요한 시간이 가장 행복하다네. 제발 나의 이 소박한 결벽증에 조금이나마 연민의 정을 보태 주면 어떻겠나? 지혜로운 나의 아내여!

걷고 또 걷는다

걷기 시작한 지 6년여의 세월이 흘렀고, 3년 가까운 시간을 승용차를 버리고 버스로 출퇴근했다. 처음에는 귀찮고 힘들었지만 요즘은 오히려 편안하다. 습관은 제2의 천성이라더니, 내가 그 격언을 입증한 셈이다. 승용차가 아니면 한 발짝도 걷기를 싫어했고 대중교통 요금이 얼마인 줄 몰랐던 내가, 걷는 것을 대수롭지 않게 일상으로 받아들인 이유는 지병 때문이다. '게으름 병'을 또 다른 병으로 치료하게 되었으니 병을 아예 나쁘다고만 치부할 일은 아닌 듯하다.

생각해 보면 걷기만큼 나에게 잘 어울리는 운동은 없다. 테니스나 탁구, 배드민턴도 좋기는 하지만, 기능적인 측면이 강조되다 보니 실력이 늘지 않으면 스스로 스트레스를 받고 타인과 늘 비교된다는 점에서 운동신경이 젬병에 가까운 나로서는 감당하기 어렵다. 골프는 사회적 지위가 있는 점잖은 중년들에게 잘 어울리는 운동으로 꼽히지만, 다른 운동에 비해 만만치 않은 준비가 필요해서 접근하기가 쉽지 않다. 골프채는 기본이고 그 외에 갖추어야 할 신발이며 옷가지를 마련하는데 필요한 비용도 비용이려니와, 소위 필드에 나가기 위한 기본 실력에 도달하기까지는 많은 시간과 노력이 요구된다. 더구나 본질이 되어야 할 운동보다 차량과 옷과 신발의 브랜드가 더 강조되는 듯한 허세는 내가 견디고 수용할 수 있는 범위에서 한참 벗어나 있다. 그러고 보면 성격 자체가 번잡한 것을 싫어하는 나에게 최적의 운동은 걷기 외에 다른 대안을 찾기 어려울 듯하다.

나는 무엇을 위해 사전에 계획하고 준비하고 부산을 떠는 것을 태생적으로 잘하지 못한다. 술 마시고 얼큰해진 늦은 밤에 가끔 붕어빵 한두 봉지쯤을 사 가는 일 외에는 아내와 아이들을 위해서 무엇을 세심하게 배려한 기억이 없다. 생일이나 결혼기념일 등에도 특별히 무엇을 생각해 두지 못하고 닥쳐서 현금으로 때우기가 일쑤였다. 남들은 그것을 시쳇말로 쿨하다고 하지만, 그렇게 할 수밖에 없는 배경에는 쓸쓸하고 고독한 내 천성이 자리하고 있다. 그래서 아무 준비 없이 일어설 수만 있다면 할 수 있는 아주 소박한, 어머니가 가르쳐 준 가장 원초적인 행동인 이 걸음마는 나를 위해 마련된 최선의 운동양식이라 말하지 않을 수 없다.

지금까지 걷기에 대해서 이야기하다 보니, 내가 무슨 걷기의 대가인 것처럼 착각할 수 있겠지만 전혀 아니다. 나는 걷기 코스로 유명하다는 산티아고를 다녀온 적도 없고, 심지어 백두산이나 지리산도 종주한 경험이 없다. 기껏해야 나의 걷기는 우연한 기회에 한라산의 진달래밭에서 백록담을 거치는 18km의 성판악 코스를 완주한 기록이 전부이다. 여기에 한 가지 더 보탠다면 모악산을 1년에 20여 회에 걸쳐 등산한 경험이 있을 뿐이다. 나의 발걸음은 이처럼 늘 소박하고 가까운 곳에 머물러 있을 따름이다.

걷는다는 것은 지금 걷고 있는 것이 중요할 뿐 어디를 걷고 어디로 가느냐가 전혀 중요하지 않다고 생각한다. 어디로 가야 할 목적지가 정해지는 순간, 무엇을 보고 느끼려고 하는 순간 걷기는 일이 되고 만다. 목적이 있고 방향이 정해진 모든 일거리는 최소한의 마음의 준비가 필요하고, 그것이 낯선 무엇이었을 때는 용기마저 불러내야 한다. 때로는 기대와 희망에 부푸는 긍정적인 감정이 생길 수도 있겠지만, 그것 또한 절망과 좌절의 다른 이름에 불과하다.

목적이 있는 걷기를 낭만적으로 표현한다면, 지게를 지고 삽과 괭이를 챙겨 들로 나가는 농부의 뒷모습 정도라고 말하고 싶다. 한적한 들에서 일하는 농부의 모습이 서정적으로 보일지는 모르지만, 그에게 부과된 하루의 임무는 노동일 뿐이

다. 노동을 하지 않으면 생계를 유지할 수 없는 농부와 땀을 흘리며 목적지를 향해 걷는 자는 겉모습만 다를 뿐 본질은 크게 다르지 않다.

나의 걷기는 늘 주변을 벗어나지 않는다. 동네 한 바퀴를 걸어 전주천을 산책하는 정도가 전부이다. 걷고 또 걸으면서 닿는 곳까지 가는 것이고, 걷다 보면 어느덧 집에 다다르는, 어찌 보면 지루하기 짝이 없는 일상의 연속이며 반복이다. 걸으며 무엇을 특별히 생각하는 것도 아니다. 바람이 나를 스치는 것처럼, 나도 무엇을 스쳐 지날 뿐이다. 생각 없는 생각에 잠겨 아무것도 보이지 않는 날도 많다. 단지 살아있는 몸뚱어리가 반복되는 걸음 속에서 본능적으로 꿈틀거리는 것에 불과하다.

걷는 동안에는 직장과 이웃을 떠나고, 가족마저 멀리 떠나보낸다. 근심과 걱정이 자리할 틈이 없다. 걷는 데는 어떠한 지식과 능력도 불필요한 것이기에 노예화된 책의 무게와 철학의 무거운 사유에서도 벗어날 수 있다. 바람의 구두를 신은 천재 시인 랭보의 음률도 몽상가 루소의 고독도 싹트지 않는다. 다만 나의 본질과 순수만이 거기에 있을 뿐이다.

물을 만나면 기약 없이 흐르고, 구름을 만나면 정처 없이 떠돌다, 산마루에 걸터앉기도 하고 비를 뿌린 자리에서 무지개로 몸을 바꾸기도 한다. 냇물 속의 은빛 지느러미가 되어 동진강을 헤엄치다가 강태공의 낚시에 걸려들거나, 어부의 낡은 어망 속에서 파닥이다가, 나의 아내와 아들딸들의 식탁 위에 맛있는 반찬으로 놓이기도 한다. 그들의 입맛 속에서 가득히 행복해지는 일이 나의 걷기의 전부이다.

모든 진리는 대상이 빚어 낸 그림자가 아니라 그 자체에 있다는 말에 수긍한다면, 대상과 내가 일체가 되는 체험을 해야 한다. 걷는 것 외에 다른 무엇을 생각하고 요구할 때 그것은 이미 걷기가 아니다. 걷는 자신에게 무엇을 요구하지 말기를 바란다. 오직 걷기만 할 때 당신의 순수한 존재감을 다시 발견할 수 있으리라. 그리고 당신의 행복도 거기에 있다.

진수성찬과 길티 플레저guilty pleasure

아내에게 늘 감사한 마음이다. 아내 없이는 내 일상이 가능하지도 않겠지만, 특히 내 밥상머리는 일시에 무너지고 말 것이기 때문이다. 아침에 출근하고 저녁에 퇴근하는 직장인인 탓에 휴일이 아니면 점심은 직장에서 때우게 되지만, 아침과 저녁 식사는 특별한 때를 제외하고는 집밥으로 해결하는 경우가 대부분이고 보면 감사한 일이 아닐 수 없다. 더구나 내 식단의 세밀한 내용을 들여다본 사람이라면, 아내에 대한 내 감사함의 진정성에 한 점 의혹도 제기할 수 없으리라.

우선 아침 식단은 이렇다. (다른 사람들은 감히 상상도 못하겠지만)우유와 유산균 음료를 섞어 6시간 동안 발효시킨 다음에 견과류를 넣어 만든 플레인 요거트가 먼저 식탁에 오르고, 바나나 반쪽과 살짝 데쳐 껍질을 벗겨낸 토마토 서너 쪽, 그리고 알맞은 크기로 보기 좋게 썰어 낸 제주산 참다래가 담긴 접시가 그다음이다. 마지막은 죽인데 그냥 죽이 아니다. 녹두를 비롯한 오곡 잡과가 모두 들어간 최고의 보양식이다.

아내는 죽을 쑬 때 생수를 직접 사용하지 않는다. 미역이나 톳, 다시마, 멸치 등 갖가지 해산물을 넣어 우려낸 물에 시래기와 무말랭이를 비롯해 수삼 한두 뿌리와 한방약재 두어 가지를 넣고 재탕한 물만을 사용한다. 그러니 별도로 조미료나 소금으로 맛을 내지 않아도 그 풍미가 남다를 수밖에 없다. 종일 쌓였던 모든 스트레스가 혀끝에서 녹아 날 만큼의 높은 만족도를 자랑하기에 부족함이 없다.

아침 식단의 내용이 질 위주라면 저녁 식단은 다양성에 초점이 맞추어져 있다. 국물은 좋지 않다는 판단에 따라 식단에서 사라진 지 오래다. 대신 생선조림이나 구이가 그 자리를 차지했다. 생선도 날마다 달라진다. 꽁치, 고등어, 갈치, 삼치, 오징어 볶음 등 그 종류가 실로 다양하다. 여기에 이틀 걸러 하루쯤은 떡갈비가 곁들여진다. 밑반찬도 풍성하다. 김장김치는 그냥 나오는 경우가 많지만 가끔 물로 씻어내 들기름에 볶아 내오는 경우가 더러 있다. 시금치와 콩나물무침, 총각김치와 파김치는 빠지지 않는 고정 메뉴에 해당한다. 마늘종간장장아찌나 마늘종어묵볶음도 줄곧 나오는 보조 메뉴 중 하나다. 잔멸치에 땅콩이나 아몬드를 넣어 볶은 것도 입맛을 돋우는 데 부족함이 없다. 게다가 아침에 먹는 과일 한 접시가 다시 나오고, 양배추와 브로콜리에다 달걀말이(때로는 달걀찜), 찐만두까지. 이 외에도 특별한 메뉴가 한두 가지 더 있는데, 더 이상은 입을 다무는 게 예의가 아닌가 싶다.

식단을 핑계 삼아 팔불출처럼 중언부언 아내 자랑에 심취했다. 그렇지만 이런 진수성찬이 꼭 행복한 것만은 아니다. 내 식단에는 그럴 수밖에 없는 비밀이 숨어 있다. 지병 때문이다. 당뇨가 그 주범인데, 참 조절하기 난감한 병이다. 치료 불가능한 병이기에 평생 약물에 의존해야 하고, 식이요법과 운동으로 당 수치를 떨어트리지 않으면 안 된다. 병을 앓은 지 벌써 7년의 세월이 흘렀지만 여전히 위태롭기는 마찬가지인 이유가 그 때문이다.

당뇨병은 당 조절기능이 정상적이지 못해 혈액 내에 당이 과다하게 축적되는 병이다. 당 자체로는 병이랄 것도 없지만 문제는 합병증이다. 고혈압뿐 아니라 심하면 갑상선 이상이나 신부전, 당뇨발(혈액순환이 원활치 못해 말초신경이 모여 있는 발가락 부위부터 썩어 가면서 결국 발목을 절단해야 하는 심각한 증세) 등 치명적인 질환을 유발한다. 그밖에도 저 체중(비만을 유발하는 경우도 있지만) 때문에 심각한 문제에 직면하기도 한다.

나는 작년에 불행하게도 급격한 체중 저하와 갑상선 항진증이라는 이중의 덫에 걸려 당뇨 합병증이 얼마나 무서운 결과를 초래하는지 거의 목숨을 걸고 뼈아프게 체험했다. 나는 그때 좌초되기 직전의 배처럼 무력했다. 아득히 먼 바다의 수평선을 바라보며 거칠게 몰아치는 파도에 몸을 맡기고, 마지막 호흡을 가까스로 거듭하면서 아무리 손을 내저어도 누구에게도 보이지 않는 절망의 끝에서 그렇구나, 이렇게 죽는 거구나, 하며 목전의 죽음을 실감해야만 했다.

이러한 곡절을 거치며 내 아내의 손끝에서 오늘의 진수성찬이 탄생했으니, 어찌 아내에게 고맙지 않을 수 있겠는가. 그러나 사람의 마음은 간사하기 이를 데 없다. 건강이 어느 정도 회복되자 예전의 절박함은 사라지고, 쉽고 편한 쪽으로 마음이 기울기 시작하면서 식단에 대한 불만을 점차 드러내게 되는 것이었다. 당신 힘드니 반찬 가짓수를 좀 줄여라,로 시작하여 아침에는 우유 한 잔으로 충분하지 않을까, 급기야는 먹는 데 들어가는 비용이 대체 얼마냐,로 이어지면서 말싸움 직전까지 번지는 경우가 종종 발생하고 만다. 그럼에도 불구하고 아내의 손길은 멈추기를 거부하고 더 맛깔나고 풍부한 식단을 내 턱밑에 들이대며 한 마디를 거든다.

"당신 덕에 음식 솜씨가 많이 늘었다네. 고마워요~."

언제나 문제의 발단은 나의 식성에 있었다. 나는 입이 짧은 편에 속한다. 음식을 이것저것 즐기는 스타일이 아니다. 맛을 즐기기보다는 때우는 식이다 보니 영양관리가 제대로 될 턱이 없다. 그나마 젊었을 때는 혈기 왕성한 체력으로 버틸 수 있었다. 그러나 체력이 점차 소진되기 시작하는 40대에 접어들면서 잦은 술과 과다한 흡연, 과중한 스트레스를 견딜힘이 더 이상 남아 있지 않았다. 유전적 측면을 감안하더라도 요즘 같은 장수 시대에 40대 중반에 당뇨병에 걸렸다는 것은 조상을 탓하기 전에 나 자신의 건강관리에 심각한 문제가 있었다고 먼저 자백해야 옳겠다.

그런데, 지금도 나에게는 건강관리에 치명적인 한두 가지 못된 습관이 남아있다. '죄책감을 느끼며 즐기는 것'을 뜻하는 이른바 '길티 플레저guilty pleasure'. 술은 어느 정도 절제가 가능했지만, 아직도 커피와 담배에서 벗어나지 못하고 있다. 하루에 담배 한 갑. 수면 시간을 빼면 한 시간에 한 대꼴이니 적잖은 분량이다. 담뱃값도 담뱃값이려니와, 아내의 서글픈 눈길 앞에 죄책감을 느끼지 않을 수 없다. "담배 끊으면 체중이 3kg은 는다는데……." 또 있다 커피 중독. 그것도 밀크와 설탕이 담뿍 들어간 일명 '양촌리 커피'. 그 맛을 여전히 쉽게 버리지 못하고 있다. 이삼십 대 무렵에는 하루에 20잔을 넘게 마신 영웅담이 있을 정도니, 당뇨의 주범은 커피라고 해도 과

언이 아니다. 많이 줄인다고 줄였지만 달콤한 그 맛을 잊지 못해 지금도 하루에 예닐곱 잔은 꼭 챙기고 있는 꼴이라니. 영양소를 고려하여 매 끼니마다 이것저것 몸에 좋은 것을 찾아 부산하게 손을 놀리는 아내의 정성 앞에 나의 죄책감은 고개를 들기 어렵다.

아내는 오늘도 시급 오천 원짜리 알바를 마치자마자 불편한 다리를 끌고 전통시장을 기웃거리며 나의 진수성찬을 준비하고 있을 것이다. 퇴근길. 나는 나도 모르는 사이 커피 자판기 앞에 서 있는 어처구니없는 나를 발견한다. 부끄럽다. '길티 플레저guilty pleasure', 내가 반드시 벗어나야 할 인생 최대의 함정이 아닐 수 없다.

기억을 위한 변명

"이런! 또 잊었군." 다름 아닌 출근길 나의 첫 일성이다. 오늘은 좀 심했다. 다른 날은 그 정도가 오늘처럼 심하지는 않았다. 빠뜨린 소지품이 있으면 계단을 내려오는 중이나 아파트 단지를 빠져나오기 전에 대부분 기억해 냈다. 그런데 오늘은 아니었다. 2km 남짓한 거리를 걸어 터미널에 도착하고 나서야 겨우 기억이 돌아왔다.

누구나 마찬가지겠지만, 출근할 때마다 챙겨야 하는 소지품이 여럿 있다. 핸드폰, 담배와 라이터, 손수건은 기본이고, 임플란트 치료를 중단한 뒤부터는 틀니 하나가 더 추가되었다. 체크카드와 약간의 현금은 지갑을 가지고 다니지 않는 습관 때문에 반드시 소지해야 한다. 게다가 돋보기안경도 책 읽을 때 쓰지 않으면 불편한 하루를 감수해야만 하기에 챙겨야 하는 소지품 중 하나다.

가장 빈번하게 빠뜨리는 것은 틀니다. 욕실을 나오면서 챙겨야 하는데 그렇지 못한 경우가 적지 않다. 손수건은 바지를 갈아입을 때 자주 잊는다. 그래도 틀니와 손수건은 하루 정도 없어도 대충 때울 수 있다. 담배와 라이터도 출근 중에 다시 사면 그만인 작은 문제고, 안경 없이도 하루쯤은 견딜 수 있다. 하지만 챙기지 않으면 치명적인 소지품이 있다. 핸드폰과 체크카드(아니면 현금)이다. 다시 집으로 돌아가지 않으면 해결되지 않는 가장 중요한 소지품에 해당한다.

오늘 아침에 바로 그 치명적인 문제가 발생했다. 체크카드와 현금을 빠뜨린 것이다. 터미널에 도착했는데 주머니가 비었다. 더듬는다고 없던 것이 다시 채워질 리 만무하고, 시간은 큰 걸음으로 성큼성큼 뛰어가고 있다. 택시를 잡아타고, 택시기사에게 행선지를 밝히고는 조심조심 공손하게 말을 건넨다.

"저어…… 기사님, 제 제가……."

나도 모르게 말까지 더듬는다.

"제가 카드를 아 아니, 지갑을 깜박해서 집에 다시 돌아가야 합니다."

기사와 눈이 마주쳤다. 나는 아마 미안하다는 표정을 지었을 것이다. 기사가 웃으면서 말을 거든다.

"뭐, 그럴 수 있죠. 아침에 바쁘다 보면, 저도 잊을 때가 많습니다."

그러면서 기사는 집 앞에서 기다리고 있을 테니 걱정 말라며,

그것도 '천천히' 다녀오라는 분에 넘치는 친절을 베푼다. 나는 "감사합니다"란 말을 남기고 꽁무니가 빠지게 집안으로 뛰어 들어가 카드와 현금을 챙겨 다시 택시에 올랐다. 이마에 땀이 흐르고 다리가 후들거렸다. 출근시각에 늦지는 않았으니 다행이라고 생각하면서도 심장이 쿵, 내려앉는 느낌을 지울 수 없었다.

누구나 저지를 수 있는 일상 속의 작은 실수지만 오늘 아침의 사건은 단순한 건망증이라고 치부하기에 좀 심각한 편에 속한다. 어젯밤에 건망증이 아닌 기억상실에 가까운 경험을 한 이후에 발생한 사건이기 때문이다.

어젯밤에도 여느 때와 마찬가지로 저녁 식사를 마치고 한 시간 남짓 운동을 하다가 귀가했다. 몸을 씻고 독서를 마친 시각이 11시쯤. 문득 시선이 닿은 곳은 아들의 방이었는데 문이 열려 있었다. 이 시간에 대체 어디를 갔지? 나는 아들의 방을 확인하고, 화장실 문을 두드렸으나 인기척이 없었다. 외출할 때 늘 행선지를 밝히는 아들이었기에 불안한 마음을 억누르지 못하고 어쩔 수 없이 잠든 아내를 깨웠다.

"아들 어디 나갔어?"

"……?"

아내는 대답 대신 놀란 눈으로 나를 바라보고만 있었다. 나는 거듭 "당신도 몰라?" 하며 아내를 다그쳤다. 아내는 급하게 몸을 일으키며 말했다.

"아들? 지금 일하고 있잖아."

그 순간의 내 느낌을 어떻게 표현해야 좋을지 글을 쓰고 있는 지금도 전혀 모르겠다. 한 마디로 황당하고 충격적이었다. 아내는 보통 일이 아니다, 병원에 가야 한다, 한두 번이 아니지 않느냐며 거의 울먹이기까지 했다.

아들은 벌써 2년째 주말과 휴일을 빼고는 매일 오후 4시부터 다음날 새벽 2시까지 일하고 있다. 그런데 그 시간에 아들의 부재를 확인하다니, 이게 무슨 가당치 않은 일인가. 게다가 아들의 일터가 집 근처에 있는 관계로 매일 운동을 마치고 습관적으로 아들한테 들러서 집으로 돌아오기 때문에, 어젯밤에도 변함없이 아들을 만나고 돌아온 지 두 시간이 채 지나지 않았기 때문에 누가 보아도 이해할 수 없는, 건망증이라는 말로는 위로할 수 없는 심각하고 위험한 병증이 아닐 수 없다.

밤새 뒤척이다 숙면을 취하지 못한 무거운 몸으로 출근을 준비하던 오늘 아침의 상황은 또 어떻게 설명해야 할까? 아내는 걱정스런 표정으로 욕실로 들어가는 내 뒤통수에 대고 거듭 당부했다. 이제 담배도 술도 끊어야 하지 않느냐고. 열 손가락으로 머리를 백 번쯤 두드리고 귓불을 마사지하면 기억력 회복에 좋다고. 출근할 때 챙겨야 할 소지품을 일일이 나열하며 잊지 말라고, 제발 잊지 말라고 했는데도 기어코 카드와 현금을 또 빠뜨리고 허둥지둥 비틀거린 꼴이라니!

기억력이 사라지면 어떻게 될까? 당연히 모든 것이 내 머릿속에서 말끔히 지워질 것이다. 일터는 물론 가정까지 무사하지 못할, 언제든 실현 가능해질 위험이 코앞에 닥쳤다. 사랑하는 아들과 딸과 아내가 사라진 존재, 나조차 잃어버린 나는 실존하는 생명체라고 말할 수도 없겠다. 기억이 사라진 자리는 모래바람만 가득한 사막과 다르지 않다. 나는 드디어 길 잃어버린 한 마리 낙타가 되어 어지럽게 발자국을 찍으며, 뜨거운 모래바람 속에서 불타는 한 줌 연기로 사라질 것이다. 텅 빈 동공에 남은 마지막 사막의 별빛마저 내 기억 속에 저장되지 못하리라.

소반다듬이처럼 골라낸 내 말과 글들은 또 어찌할까? 울트라마린으로 가득한 창공과 더없이 자유로운 새들의 날갯짓은, 뒤란의 장독대에 쌓인 하얀 눈 위의 정화수와 정화수 속 어머니의 달빛 기도는, 삼경을 헤치며 건너오는 다듬이질 소리에 섞인 어머니의 한숨은, 아버지의 가난한 지게 위에 놓인 그 가을의 싸리꽃 한 다발은, 늦가을 수척해진 갈대밭을 스치는 애타는 바람 소리는, 강둑에서 수레를 끄는 노인의 지친 어깨

위에 내리는 노을과 수레 뒤에 매달려 철없이 기쁜 어린아이의 노랫소리는, 강 건너 산자락에 안긴 낮은 굴뚝들에서 떠오르는 한 끼의 배고픈 저녁연기는, 그리고 슬픔과 고통과 절망과 좌절로 빚고 엮은 내 고단한 삶의 은유는…….

가슴이 답답하고 머릿속은 온통 먹구름이다. 그런데 먹구름 속에서 번개 치듯 그리스 신화 한 토막이 내 머리를 강하게 때렸다. 나는 나도 모르게 아득한 고대 그리스 땅의 신을 불러내고 있었다.

그리스 신화에 나오는 여러 여신 중 '기억의 여신'이 있다. 그 이름은 므네모시네. 므네모시네는 우라노스(하늘)와 가이아(땅) 사이에서 태어난 6명의 딸 중 하나로 티탄족 여신이다. 므네모시네는 하데스 영역인 지하세계에서 '기억의 연못'을 관장했는데, 죽은 사람이 지하세계의 '레테의 강물'을 마시면 전생의 기억을 모두 잃게 되지만, 므네모시네의 물을 마시면 다시 기억이 되살아났다고 한다.

티탄족과의 전쟁에서 승리하여 올림포스의 주인이 된 제우스는 이 '기억의 여신' 므네모시네와 결혼하여 9명의 딸을 낳았다. 신화는 이들을 '기억의 딸들'이라고 일컬었다. 아홉 밤 동안에 아홉 명이 태어났다고 하여 아홉 무사musa 또는 무사의 복수형인 무사이musai라고도 부른다. 요즘 시 또는 음악의 신을 뜻하는 뮤즈muse나 박물관을 뜻하는 뮤지엄museum이라는 영어식 표현도 여기에서 유래되었다.

기억의 딸인 칼리오페, 우라니아, 클레이오 등 아홉 무사들은 천문학, 역사, 희극, 비극, 가무 등 학문과 예술을 관장하는 신들이라는 점에서 당시 그리스인들은 '기억'이 학문과 예술과 역사 사이에 불가분의 관계가 있다고 판단했던 것으로 생각된다. 그런 까닭에 그들은 역사가들과 예술가들이 끊임없이 과거와 현재를 오가며 과거의 기억을 통해 오늘의 교훈을 만들어 내고, 기억 속에서 예술적 영감을 얻어 위대한 작품으로 승화시켜 왔다고 믿고 있었다. 어찌 보면 아주 당연한 이야기겠지만, 결국 기억 없이는 어떤 학문과 예술도 존재할 수 없다는 것을 신화를 통해 입증하고 있는 셈이다. 또 하나 전지전능한 제우스신조차 신들의 역사와 예술을 잊지 않기 위해 '기억의 딸들'을 창조하고 그들에게 기록의 임무를 담당하도록 했듯이, 기록 없는 기억 역시 존재할 수 없다는 역설적 추론을 가능하게 한다.

나는 비로소 한 토막의 신화를 통해 내가 그토록 쓰고자 원했던 욕망을 이해하게 되었다. 기억하지 않으면 기록할 수 없고, 기록하지 않으면 기억할 수 없는 이 운명의 순환 고리 안에 내 생애의 본질과 목적과 거부할 수 없는 몸부림이 있다는 것을 눈물겹게 깨달았다. 그리고 보잘것없는 내 작은 기록들이 누군가의 머릿속에서 한 자락 기억으로 남기를, 또 누군가의 위대한 기록을 위한 소박한 밑거름이 되기를 소망한다.

오늘 밤 나는 나의 꿈속에 내가 상상할 수 있는 모든 것을 동원해 '기억의 딸들'을 위한 제전을 만들고, 거기에 나의 온몸을 제물로 바치고 싶다. 그래서 그녀들의 신성한 기억과 기록의 능력을 고스란히 내려받은 전혀 새로운 몸으로 다시 태어나, 내가 보고 듣고 느끼는 모든 것이 내 손끝을 통해 아름답고 창조적인 기록으로 영원히 남겨질 수 있기를 간절히 기도한다.

집배원에게 보내는 산골 우체국장의 여름 편지

– 시발레스 베네, 발레오Sivales bene, valeo

긴 가뭄을 견디며 단비를 손꼽아 기다리던 대지가 느닷없는 국지성 폭우로 넘치고 무너졌다는 소식이 심심찮게 들린다. 장마 속 폭염의 기세도 만만치 않다. 전국 대부분의 지방에 연일 폭염 경보가 발령되면서 온열 질환자가 급증하고 사망 사고까지 발생하고 있다. 더워도 너무 덥다. 걱정이다.

살다 보면 크고 작은 걱정이 늘 있게 마련이지만, 요즘 걱정거리 하나가 더 늘었다. 폭염과 폭우 속에서도 일을 쉬지 못하는 사람들이 곁에 있기 때문이다. 집배원이 바로 그들. 공직생활 내내 그들과 함께였다지만, 산골 우체국장으로 부임한 이후 그들을 바라보는 내 심경은 절박하다. 빗길 운전이 위험한 줄 알면서도, 더위에 혹여 쓰러질까 걱정하면서도 걱정은 걱정으로 그칠 뿐, 산골 우체국장의 권한으로는 단 몇 시간도 그들을 쉬게 할 수 없다. 그저 안타깝게 바라보며, 되려 잔소리만 늘어 간다. 더워도 안전모는 반드시 착용해야 한다,

서행 운전해라, 아무리 바빠도 신호등은 꼭 지켜라, 방어운전은 필수다, 물 많이 마셔라, 점심은 꼭 챙겨 먹어라, 등등. 그들은 시답잖은 내 잔소리에 대답 대신, 이륜차 시동 거는 소음과 매연을 남기고 우체국을 벗어나, 오늘도 물을 건너고 협곡을 지나 산등성이를 오른다. 그들의 힘겨운 땀 냄새가 코끝을 자극한다.

그들을 보내고 사무실로 돌아와 자리에 앉았다. 에어컨 덕분에 시원하다. 바깥의 찜통 날씨와 극명하게 대비되는 탓에 갑자기 등골이 서늘해진다. 어쩔 수 없다. 나는 자리에서 일어나 에어컨을 끄고 창문을 열었다. 후욱, 달려드는 뜨거운 바람이 숨을 막히게 한다. 그들의 땀 냄새와 거친 숨소리를 빼닮았다. 울컥, 목이 멘다. 나도 할 수만 있다면 가방을 들고 그들을 따라나서고 싶다. 하지만 그럴 수 없다는 것을 잘 알기에 나는 부끄럽다.

그런데 이건 천박한 감정의 낭비에 불과하다. 몸을 움직여야 한다. 움직이지 않고서는 못된 이 감정을 조절할 수 없다. 김수영 시인의 말처럼 가슴만 달구어서는 될 일이 아닌 것이다. 온몸이 온몸을 밀고 갈 때만이 진정한 삶이라고 했다. 제대로 된 문학은 몸을 움직여 만든 삶 속에서, 땀 냄새와 거친 숨소리에서, 등골 휘어지는 고단한 노동 속에서 흘러나오는 것이렷다. 그래! 나는 물류창고로 향한다. 가던 발걸음을 되돌려 마트에서 아이스크림 한 봉지를 샀다.

물류창고 역시 찜통이기는 매한가지. 직원들의 얼굴에 땀이 비처럼 내리고 있다. 작업복은 벌써 땀으로 흠뻑 젖었다. 창고 바닥에도 땀이 흥건하다. 주문한 물품에 배송지 라벨을 붙이는 일을 도왔다. 가장 단순한 작업이고 노동 강도도 약한 일이지만, 내 몸에서도 기분 좋은 땀이 흐르기 시작한다. 단순 반복하는 작업 속에서 리듬이 살아 움직이는 것을 생생하게 느낀다. 리듬은 온몸에 활력을 불어넣는다. 움직이지 않는 몸이란 죽은 몸이라는 것을 다시금 확인한다. 설득력 있는 삶의 바탕에는 노동의 신성함이 있다는 것을 어렵지 않게 깨닫는 소중한 시간이었다.

집배원들에게 조금은 덜 부끄럽고, 조금은 더 당당한 모습이 되어 사무실로 돌아왔다. 오후 세 시, 더위가 절정에 다다르고 있다. 목이 바짝바짝 타들어 가는 느낌이다. 차가운 냉수 한 사발을 들고 그들에게 뛰어가고 싶다. 그러나 소용없는 일. 나는 다만 조용히 눈을 감고 그들의 이름을 하나하나 불러 본다. 승두, 여거, 지훈, 휴상, 정수, 재남, 창영, 광민……. 남대천 너머 길게 누운 적상산 산자락에 별들이 떠오른다. 그들의 맑은 영혼이 하나둘 다가와 내 가슴을 아프게 두드린다. 그리고 아주 오래된 문장 하나가 음표로 되살아나 악보 위에서 노래를 부르기 시작한다.

"그는 주는 사람이다. 그는 평화로운 자세로 우리에게 무엇인가를 가져다준다. 나는 그가 주는 흐뭇하고 서민적인 평화를 좋아한다. 그가 나를 부르는 소리, 그의 가방 빛깔, 그리고 내게로 오는 그의 발자국들은 내 허허로운 영역에 훈훈한 꽃잎을 나누어 준다. 나는 보랏빛 우체부가 되고 싶다."

– 최명희의 산문 「우체부」 중

40도를 웃도는 체감온도를 견디며 무거운 택배 상자를 들고 계단을 뛰어오르는 그들의 눈물겨운 뒷모습이 눈에 감겨온다. 눈물겨운 그들을 나는 사랑한다. 그래서 그들이 행복해야 나도 행복하다.

"시발레스 베네, 발레오Sivales vene, valeo"

한동일의 「라틴어 수업」에 나오는 글귀다. 로마인들이 편지를 쓸 때 첫인사로 사용하는 말이라고 한다. 누군가로부터 "그대가 행복해야 나도 행복하다"는 뜨거운 인사를 방금 건네받은 듯 마음이 먹먹하다.

집배원, 그들이 하루의 일을 마치고 무사히 우체국으로 돌아오는 것은, 오늘 하루치의 부족하고 부끄러운 내 삶의 완성이자 행복의 조건이다. 그들의 땀과 고통과 눈물이 나의 웃음과 기쁨을 빚는다. 별빛을 닮은 아름다운 영혼들, 그들의 평안을 고개 숙여 기원한다.

2부

시간의 여울목

통영 가는 길

떠난다. 왜, 무엇을 위해? 묻지 말자. 오늘은 물처럼 흐르기로 한다. 닿는 그곳이 오늘의 목적지이다. 거기에 한 바가지의 물로 고여서 물방개나 송사리 몇 마리로 살아도 좋겠다. 물에 비친 나무 그림자를 안고 바람에 흔들리거나, 몇 줄기 햇살이 나의 입가에 맴도는 미소가 되기를 바란다. 오늘 하루 나를 잊자. 의미를 버리자.

기억의 저편에 통영이 있었던가? 충무김밥과 『토지』의 작가 박경리 기념관이 있는 곳, 그곳에 가고 싶다. 오늘은 마음의 물길이 그쪽으로 흐른다.

전주에서 통영까지 곧바로 가는 버스는 없다. 진주를 경유해야 한다. 진주까지 두 시간 남짓. 시내를 벗어난 버스가 시원하게 고속도로를 달린다. 잠깐씩 지나가는 야트막한 평야에는 마늘밭 새순이 봄바람에 알싸한 냄새를 풍길 듯 나풀거리고, 봄눈이 듬성듬성한 보리밭 새순도 우우, 고개를 흔들고 있다. 멀리 보이는 능선이 가지런하고 부드럽게 이어진다. 손으로 이마를 쓰다듬으면 이내 잠들 것 같은 적막하고 평화로운 풍경이다. 어머니의 품 안에 안긴 듯 포근하여 나도 그 곁에 나란히 눕는다. 깜박 졸았다. 구불구불 이어지는 남강의 물길이 자취를 감추면서 진주에 도착했다.

촉석루 논개의 강인한 인상처럼 경상도 사람들의 억센 사투리가 터미널에 가득하다. 가방을 끌며 아이를 안고 힘겹게 움직이는 아낙네. 시간을 쫓아 바삐 뛰는 젊은 발걸음들과 여기저기 터지는 웃음소리. 그 모습들을 바라보는 나는 한가롭다. 떠나가는 통영행 버스를 눈앞에 두고 커피 한 잔의 여유를 즐긴다. 허둥대지 않는다. 붙잡지 않는다. 매달리지 않는다. 애원하지 않는다. 인생을 그렇게 살아야 했다. 떠나가는 버스 앞에서 나는 갑자기 저항하고 싶어진다. 갈 테면 가보라지. 나에게는 나만의 방식이 있어. 이 바보야!

통영에 도착한 시각은 생각보다 많이 늦었다. 특별히 눈에 띄는 풍경도 없고 기억에 남는 사연도 없었지만, 무거워진 발걸음과 나른한 몸이 시간의 무게를 가늠하게 한다. 오래된 서책의 귀퉁이처럼 통영여객선터미널의 지붕 한쪽이 노을에 물들고 있었다. 통영은 섬으로 둘러싸인 항구라고 했다. 수십 개의 섬 중 매물도라는 이름이 애잔하게 와 닿는다. 왠지 버려진 느낌. 중고차 시장에 '매물'로 나온 몰락한 귀족 가문의

캐딜락 같은. 어처구니없는 상상이 쓸쓸한 바닷바람을 가득 몰고 왔다.

소매물도에 볼 만한 등대가 하나 있다고 했다. 버려진 소매물도의 마지막 자존심처럼, 마치 지팡이에 중절모를 쓴 꼿꼿한 영국 신사를 연상하게 하는 그 등대를 꼭 보고 싶었지만 갈 수 없었다. 배는 이미 끊겼다. 시간을 보니 오후 다섯 시가 넘었다.

항구는 파도가 밀려오는 쓸쓸함의 폐허 위에 붉은 노을을 꽃잎처럼 흩뿌리고 있었다. 이제 갈 수 있는 곳은 딱 한 곳, 제승당만 남았다. 나의 선택은 하염없이 선착장 갯바람에 몸을 기대고 보이지 않는 소매물도의 마지막 자존심을 지켜보며 먼 바다를 넘어오는 칼칼한 기침 소리를 무염하게 듣고 서 있거나, 그나마 마지막 갈 수 있는 그곳, 제승당으로 떠나는 것이다.

제승당에 가기로 한다. 여객선 매표원이 뜻하지 않게 신분증을 요구했다. 보잘것없는 내 생명을 보호하기 위한 최소한의 조치라고 했다. 그러나 나는 나를 증명할 수 있는 어떤 신분증도 갖고 있지 않았다. 카드 한 장과 몇 장의 지폐와 동전이 있을 뿐. 카드를 내밀며 안 되겠냐고. 여기 이름이 있지 않느냐고. 안 된다고, 미소를 지으며 머리를 가로젓는 40대 여성의 목덜미에도 떨어진 꽃잎이거나 마른 낙엽 같은 노을이 바래고 있었다.

대한민국은 참 친절하고 편리한 나라다. 나는 민원서류 자동발매기에서 주민등록초본을 한 통 떼서 내 신분을 확인해 주고 제승당으로 가는 여객선을 탈 수 있었다. 나를 포함해 승선 인원은 단 세 명뿐. 뱃사공이라고 불러서는 안 될 것 같은 말쑥한 차림의 선원 몇 명을 합해도 예닐곱이 넘지 않는다. 한적한 배 안에는 바람만 가득 붐볐다. 날씨가 흐린 데다가 이미 어둠이 짙게 깔리기 시작해서 시야에 특별히 들어오는 풍경은 없었다. 몇 개의 이름 모를 섬들을 지나치면서 양식장의 부표가 하얗게 열병식을 하는 장면을 카메라에 담았다. 선미 쪽의 바람은 더욱 거세다. 머리카락을 아무렇게나 헝클며 거칠게 뺨을 때리는 바닷바람의 느낌이 좋았다. 30분 남짓, 나를 버린 채로 내버려 두는 자유로움을 만끽하며 제승당에 닿았다.

제승당으로 가는 길목에 한산대첩비가 있다. 비문의 글은 노산 이은상 선생이 짓고 글씨는 우석 김봉근 선생이 썼다고 한다. 1592년 7월 8일과 10일에 있었던 한산대첩을 서사시로 묘사했다. 7월 8일에 한산도 앞바다로 왜적선 73척을 유인하여 학익진鶴翼陣을 펴고 포와 활을 쏘아 47척을 격침시키고 12

척을 포획했으며, 7월 10일에는 안골포에 머물고 있던 왜적선 42척을 불태웠다는 설명과 함께 탑의 높이가 20m라고 친절하게 안내하고 있다. 고개를 들어 먼바다를 바라보니 거북등대가 보인다. 이충무공이 세계 최초로 만든 거북선을 기념하고 한산만으로 들어오는 배들의 항로를 안내하기 위해 자연 암초 위에 거북등대를 세웠단다.

왜적과 맞서 싸우던 역사의 앞바다는 생각보다 비좁고 초라하다. 그날의 치열한 전투가 상상으로나마 쉽게 떠오르지 않는 것은 애국심이 부족한 탓일까?

독재정권이 애국심을 반공이라는 이데올로기에 한데 묶어 우리를 오랫동안 길들여 온 탓이라는 무거운 생각이 가슴을 짓누른다. 머리에 뿔이 난 공산당, 국기 게양식과 강하식 때 부동자세로 서서 어린 심장에 손을 얹고 바라보고 들었던 태극기와 애국가, 학예회 시간에 연기했던 이승복의 섬뜩한 외침이 애국심에 대한 거부감을 강화해 왔다. 독재정권의 그늘을 벗어난 뒤에도 애국심은 대를 이어받은 보수정권의 핵심 통치 수단이었다. 그들은 안보와 경제위기를 핑계로 애국심을 조작하고 끈질기게 이용했다. 최근 3·1절에 많은 사람들이 태극기를 달지 않았다는 이야기를 들었다. 태극기가 대통령 탄핵 반대 집회에 나온 친박 보수단체들의 전유물처럼 취급되었기 때문이라는 웃지 못할 이야기이다. 이처럼 애국심의 상징물인 태극기마저 반공과 보수라는 특정 이념으로 훼손되고 왜곡된 현실 앞에서, 큰 칼 옆에 차고 수루에 홀로 앉아 나라의 안위와 국민의 고통을 걱정했던 충무공의 정신과 수많은 민초들의 죽음이 순수성을 잃지 않고 그날 그대로의 모습으로 우리들의 가슴에 오롯하게 남기 위해서는 무엇을 어떻게 해야 하는지 고민하다, 혼란스러워진 머리를 흔들었다.

삼도수군 통제영, 제승당은 조용했다. 오늘이 평일이려니와 늦은 시간인 탓에 발길은 모두 떠났다. 누각 몇 채와 해송이 거친 바닷바람을 온몸으로 견디며 먼 옛날의 저문 바다를 굽어보고 있다.

다시 통영항으로 돌아온 시각은 8시 무렵, 출출한 배를 이끌고 주변을 배회하다, OO김밥집으로 갔다. 충무김밥은 난생 처음이기도 했지만, 인터넷에서 적극 추천한 식당이라서 기대가 컸다. 그러나 나의 기대는 벽돌 한 장보다 더 쉽게 무너졌다. 너무 소박한 상차림에 한 번 무너졌고, 집게손가락만 한 길이의 김 한 조각에 흰 쌀밥만 넣은 질리도록 투박한 김말이의 풍모에 두 번 무너졌다. 맛을 말해서 무엇하랴! 맛없는 맛에 세 번 무너졌다. 굳이 특별하다면 반쯤 말린 오징어무침이었는데, 그것마저 그 질긴 맛에 질리고 말았으니. 소주 한 병을 시켜 거푸 몇 잔(여기는 소주잔도 없다. 그냥 물 잔으로 대용하란다.)을 들이켜는 것으로 화풀이하다가 국물이 모자라 좀 더 줄 수 없냐고 했더니, 샐쭉한 여종업원, 한가한 손을 가지런히 모은 채 '셀프'란다. 하하하…….

그래도 나쁠 건 없다. 얼큰했으니. 얼큰한 타관 사내에게 통영항의 바람은 살갑고 너그러웠다. 남루한 옷차림에 싯누런 이빨을 드러내고 독한 담배 연기를 훌훌 날리며 누구든 붙잡고 거친 남도 사투리를 내뱉고 싶다. 산등성이 후미진 골목을 타고 올라, 와사등 불빛 꺼질 듯 졸음에 겨운 낮은 처마 밑에 깃들어, 동백꽃처럼 벙근 발그레한 새악시가 차린 반주상을 끼고 새도록 육자배기 장단에 놀고 싶다. 아직 일러 동백꽃은 피지 않았지만, 문득 생각난 시 한 수에 통영항의 밤이 시리도록 눈물겹다.

선운사 고랑으로

선운사 동백꽃을 보러 갔더니

동백은 아직 일러 피지 않았고

막걸릿집 여자의 육자배기 가락에

작년 것만 시방도 남았습니다

그것도 목이 쉬어 남았습니다

– 서정주, 「선운사 동구」 전문

오랜만에 걱정 없는 깊은 잠을 잤다. 정갈하고 고급스러운 침대에 분에 넘치는 잠옷까지. 홀로 하는 여행은 자유롭기도 하지만 생략하는 쾌감이 있다. 샤워? 샤워기를 들었다가 그만두었다. 면도? 면도기를 들었다가 그만두었다. 이빨은 닦아야 한다. 싱그러운 밥맛을 위한 최소한의 조치. 양말? 구태여 갈아 신어야 할 만한 특별한 이유가 없다. 갯바람 냄새가 아직 견딜 수 있을 만큼 향기(?)로우니까. 그 밖의 모든 것들의 검토와 생략의 연속이 나의 아침을 신나게 한다. 그래도 거울 속의 나는 여전히 쾌남이다. 해장국의 뜨겁고 진한 맛이 늦잠 자는 자율신경계를 화들짝 깨운다. 그나저나 세수는 하기는 했던가? 눈 비빈 손끝에 노랗게 묻어난 수상한 그것? 말아라. 이제 가자. 박경리 선생을 만날 차례가 아니던가.

아시다시피 박경리 선생은 『토지』라는 대하소설로 우리에게 익숙한 한국 현대문학의 중심에 있는 위대한 소설가이다. 따라서 새삼스럽게 그의 전기적 사실을 되새김할 필요는 없겠다. 그럼에도 그가 통영 출신이고 이곳에서 대부분의 작품이 완성된 까닭이 있기에 통영과 관련된 이야기 몇 토막을 그의 문학 속에서 더듬어 보고자 하는 욕심은 어쩔 수 없다.

기념관에 들어서면, 다른 문학관이 다 그렇듯 선생의 연대기가 벽면을 빼곡하게 채우고 있다. 중간중간 관람자의 지루한 눈길을 배려한 듯 기념이 될 만한 옷이나 장신구, 각종 상패들이 조화롭게 전시되어 있다. 그중에서 특히 눈에 들어오는 풍경이 하나 있다. 선생의 서재를 다소 축소하기는 했으나 생전 그대로 재현해 놓았다. 정갈하고 단아한 모습이다. 오히려 적막한 느낌마저 들어 쓸쓸하고 고독한 선생의 뒷모습이 눈에 잡힐 듯 선하다. 방구석에는 투박한 항아리 하나가 놓여 있다. 항아리 위에 뚜껑을 대신하여 씌워진 밀짚모자가 제법 멋스럽다. 밀짚모자와 항아리 사이에 걸린 호미와 손가락 세 개를 살짝 내밀고 있는 면장갑의 풍모는 앙증스럽기까지 하다. 때때로 선생은 잡았던 펜을 놓고 낱말과 문장의 틈바구니에서 벗어나, 저 면장갑에 호미를 들고 텃밭에 나가 배추나 고추 등속을 심고 가꾸며 적막하고 외로운 시간을 채웠으리라. 또 한쪽에 고즈넉하게 놓여 있는 재봉틀도 정겹게 눈에 들어온다. 마침 「바느질」이라는 선생의 시가 눈에 띈다.

눈이 온전했던 시절에는

자투리 시간

특히 잠이 안 오는 밤이면

돋보기 쓰고 바느질을 했다

여행도 별로이고

노는 것도 무취미

쇼핑도 재미없고

결국 시간 따라 쌓이는 것은

글줄이나 실린 책이다

베개에 머리를 얹고 곰곰이 생각하니

그것이 다 바느질 아니었던가

개미 쳇바퀴 돌 듯

한 땀 한 땀 기워 나간 흔적들이

글줄로 남은 게 아니었을까

기념관을 빠져나오면 이웃한 작은 공원이 나온다. 그야말로 조촐하다고 표현할밖에 없다. 해송인 듯한 기념식수 그늘 아래 큰 너럭바위 모양의 시비 하나가 차분하게 놓여 있고, 시선의 정면에도 나란히 어깨동무한 두 개의 시비가 더 있다. 오른쪽에서 책을 손에 든 선생의 전신 동상이 무연히 나를 바라보고 있다. 그것들이 공원을 채우고 있는 전부이다. “여행도 별로이고/ 노는 것에도 무취미”였던 선생의 단정하고 소박한 인품을 그대로 반영한 공원이라는 생각에 남의 집 안에 들 듯 발길이 조심스럽다. 너럭바위의 시를 읽는다.

빗자루병에 걸린 대추나무 수십 그루가
어느 날 일시에 죽어 자빠진 그 집
십오 년을 살았다

빈 창고같이 휑뎅그레한 큰 집에
밤이 오면 소쩍새와 쑥국새가 울었고
연못의 맹꽁이는 목이 터져라 소리 지르던
이른 봄
그 집에서 나는 혼자 살았다

다행히 뜰은 넓어서
배추 심고 고추 심고 상추 심고 차 심고
고양이들과 함께
정 붙이고 살았다

달빛이 스며드는 차가운 밤에는
이 세상 끝의 끝까지 온 것 같이
무섭기도 했다
책상 하나 원고지 펜 하나가
나를 지탱해 주었고
사마천을 생각하며 살았다

그 세월, 그 옛날의 그 집
나를 지켜 주는 것은
오로지 적막뿐이었다

그랬지 그랬었지
대문 밖에서는
늘
짐승들이 으르렁거렸다
늑대도 있었고 여우도 있었고
까치 독사 하이에나도 있었지

모진 세월 가고
아 아 편하다 늙어서 이리 편안한 것을

버리고 갈 것만 남아서 참 홀가분하다

– 박경리, 「옛날의 그 집」 전문

휑뎅그레한 빈 집에 홀로 남겨진 채, 대문 밖에서 으르렁거리는 짐승 떼들에게 영혼을 할퀴어 가며 살아 낸 선생의 삶은 모질었다. 적막뿐인 큰 집에서 펜과 원고지만으로 견딘 세월이 15년. 그동안 한국문학사가 새로 써졌다. 문학은 늘, 이렇게 한 생애의 고독과 결핍과 고통을 거름 삼아 성장하는 나무이며 숲이다. "버리고 갈 것만 남아서 참 홀가분하다"는 선생의 영혼 앞에 잠시 고개를 숙인다.

나란히 어깨동무한 또 다른 비에 선생의 작품인 『김약국의 딸들』의 일부 내용을 옮겨 놓았다. 통영을 이렇게 다정하고 유려하게 묘사한 예는 드물다. 풍경을 한눈에 내려다보는 것처럼 통영 전체의 모습이 눈앞에 육박해 오는 듯한 착각이 들 정도이다. "통영 주변에는 무수한 섬들이 산재해 있다. 북쪽에 두루미목만큼 좁은 육로를 빼면 통영 역시 섬과 별다름이 없이 사면이 바다이다. 벼랑 가에 얼마쯤 포전이 있고 언덕배기의 집들이 송이버섯처럼 들앉은 자세는 빈약하다." 이곳의 젊은이들이 어째서 통영을 '조선의 나폴리'로 부르는지 알고도 남음이 있겠다.

공원을 벗어나 5분여를 걸으면 선생의 묘역이 나온다. 묘역으로 가는 길 중턱의 경사면에 선생이 생전에 했던 말이나 작품 속 명문장이 새겨진 석물들이 곳곳에서 발견된다. 한국문학의 거봉답지 않게 묘역은 초라함을 탓해야 할 만큼 아담하다. 작은 봉분 앞에 작고 네모난 평 비석 하나가 전부이니.

1시간 남짓 머물렀던 기념관을 나왔다. 하늘은 맑았으나 공기는 후텁지근해 겨드랑이 밑으로 땀이 흘렀다. 친절한 안내원 덕에 택시를 타는 데 드는 비용을 지불하지 않아도 되었다. 시내버스를 기다리는 동안 어찌 된 일인지 나는 자리에 앉지 못했다. 무언가 어설프기도 하고 마뜩잖은 마음. 후줄근하고 초라한 나의 모습을 거울을 통해 언짢게 바라보고 있는 느낌이다. 그때 문득 마음을 때리는 선생의 목소리가 들린다.

"창조란 순수한 감정이 바탕입니다. 작가에게 글을 쓴다는 것은 업입니다. 작은 기쁨이 없는 것은 아니지만, 슬픔을 사랑하세요. 슬픔을 사랑해야 합니다. 있는 대로 견디어야 합니다."

박경리 기념관 벽면에 '박경리 문학 이야기'라는 아기자기한 액자에 담긴 글인데, 뼈아프게 와 닿는다. 나는 글을 업으로 생각할 만큼 치열하게 글을 쓰고 있는가? 작은 성취에 매몰

되어 기쁨을 찾아 날뛰는 승냥이는 아닌가? 진정 슬픔을 사랑하고 견딜 수 있는가? 나는 나에게 답을 요구하지 않았으나, 마음 저편에서 들려오는 대답을 피할 수 없었다. “엉터리!”

이제 집으로 돌아갈 일만 남았다. 몸이 많이 지친 탓이기도 하겠지만, 떠날 때 조금은 들떴던 마음도 모두 차분하게 가라앉았다. 내가 나를 위해 스스로 마련한 짤막하고 소박한 이벤트에 만족한다. 나를 잊고 의미를 버린 시간들에 감사한다.

벽과 못 사이에서 나는 망치로 살았다. 나는 세상의 벽에 무수히 삶을 못질했으나 남긴 것은 상처뿐이었다. 이제 망치를 버려야 한다. 삶의 무게를 저울 위에서 내려놓고 가벼운 날개로 새로운 세계를 향해 비상해야 한다. 그곳은 단지 먹고 살기 위해 몸부림치는 누추하고 비굴한 세계가 아니다. 잉여와 여유의 세계이고, 하찮고 보잘것없는 헛것들의, 헛것들을 위한 세계이다. 물질보다 상상이, 정신이 충만한 세계이다.

나는 그곳으로 간다. 가야만 한다. 신이 내게 내린 마지막 정언명령이다.

늦지 않은 시간. 창밖의 햇살이 따갑다. 나는 창밖의 풍경과 밖에서 사 온 캔커피의 달콤함을 사양하고 헛것들의 유희가 기다리는 깊은 꿈속으로 빨려 들어갔다.

그때 그 시절

눈이 오고 있다. 송이송이 하얀 송이 함박눈은 아니지만, 사실상 올해 들어 첫눈이라 진눈깨비일망정 반갑다. 뜻하지 않은 손님이 찾아와 사립문을 열며 살포시 웃는 모습처럼 살갑다. 왠지 마음이 들떠 자리에 앉아 있기가 어렵다. 닿을 곳 없이 어딘가로 떠나고 싶기도 하다. 그래서인지 창밖의 눈 오는 풍경을 바라보는 나의 눈과 마음은 벌써 어릴 적 겨울의 동화나라로 떠나고 있었다.

눈사람을 만들고 눈싸움을 하다 싱거워지면, 눈썰매를 지치고 빙판에서 팽이를 팔이 아프도록 돌리고는 했다. 저물녘 찬바람이 불면서 눈가루가 빙판 위에 휩쓸리며 보랏빛 노을이 가득 일렁이던 풍경은 아직도 내 망막 저편에 여울져 있다.

해가 짧기만 했던 그 시절, 그때는 가난을 누더기처럼 걸치고 살았지만 마음은 온통 환했다. 하얀 눈 속에 웃음과 인정이 가득했기 때문에 추워도 춥지 않은 겨울이었다. 수숫대로 엮어 만든 통가리가 작은 방 안을 차지하고 있었고, 거기에는 늘 고구마가 가득했다. 우리는 그것만으로도 우리가 가난하다는 사실을 잊고 살기에 충분했다. 게다가 눈 속에 던져 놓은 차디찬 고구마를 먹을 때의 그 이빨 시린 아삭한 맛과 부엌 아궁이의 잔불 속에서 잘 익은 군고구마를 꺼내 두 손으로 궁굴리며 호호 입김을 불며 먹던 뜨겁고 달짜근한 맛은 가난을 우리들의 관심 밖으로 멀찌감치 밀어냈다.

그때는 목화솜을 넣은 겨울 잠바(점퍼를 그렇게 불렀던 것 같다.) 하나와 털신 한 켤레면 겨울나기에 부족함이 없었다. 종일 눈과 찬바람에 얼어붙은 손을 잡아서 아랫목에 넣어 주시던 잔주름 많은 어머니의 훈김과 언 손이 녹을 때의 깨질 듯한 통증에 나도 모르게 흐르던 그 순수한 눈물을 지금도 선명하게 기억한다.

또 첫눈 오는 겨울이면 으레 생각나는 갈깃머리 외삼촌. 서울에 가서 자리 잡으라고 아버지가 힘들게 지게로 벌어 장만한 논을 두말 않고 팔아서 넉넉하게 쥐어주었더니, 서울 갈 생각은 아예 하지도 않고 3일 만에 마작판에 죄다 털어 넣고 거지꼴로 돌아왔다던 그 외삼촌을 잊을 수 없다.

손재간이 남달라 무엇이든 잘 만들었던 외삼촌은 우리 또래 아이들의 우상이었으며, 어린 나의 자랑거리이자 든든한 뒷배였다. 썰매면 썰매, 팽이면 팽이, 새총이면 새총, 토끼몰이로 말하자면 근동에서 따를 자가 없었으며, 심지어 깊은 산에 덫을 놓아 여우나 살쾡이 등속을 잡아 오는 날도 드물게 있었다.

그러나 무엇보다 잊을 수 없는 것은 연이었다. 통 대나무를 몇 가닥으로 잘게 쪼개 얄팍하고 홰친홰친하게 갈무리하여 창호지에 알맞게 붙여서 만든 가오리연. 가오리연에 붙일 연 꼬리는 우리들이 직접 만들었다. 꼬리마다 각기 장난스러운 그림을 그려 넣고 꼬리에 꼬리를 연결하여 연의 머리에 붙였다. 내가 바람을 등지고 연을 올리면 외삼촌은 연실을 풀면서 그 특유의 갈깃머리를 휘날리며 앞으로 앞으로 힘차게 내달렸다. 땅에 닿을 듯 꼬리를 흐늘거리다가 공중으로 머리를 쳐드는 연을 보며 우리는 환호성을 질렀다. 인정 많고 익살스

러웠던 외삼촌은 그렇게 말 대신 온몸으로 저 높고 푸른 하늘에 뜬 연처럼 철부지 우리들의 어린 가슴에 꿈이 무엇인지를 심어 주고 서울보다 더 먼 곳으로 떠나 버렸다.

다시 돌아갈 수 없기에 더욱 그리운 그곳, 그곳에 묻힌 아름답고 쓸쓸한 추억이 첫눈 속에서 하늘하늘 춤추고 있다. 할 수 있다면 그때 그 시절의 첫눈 속으로 달려가고 싶다. 알몸으로 흠뻑 눈을 감싸 안으며, 세월의 파란에 석삭아 주름진 내 살결 위에 해맑은 동심과 드맑은 꿈을 다시 새기고 싶다.

따뜻한 기적

공부 이야기를 하려고 한다. 공부를 잘한 기억도 없지만 아주 못한 축에도 들지 않았으니, 나의 공부 실력은 대충 중간에서 위아래의 어디쯤에 있었을 것이다. 잘하지도 못하고 못하지도 않는, 말하자면 그렇고 그런 어중간한 존재감이라고나 할까. 그렇지만 공부에 관한 재미있는 역사 한 줄기가 어른이 된 지금도 나를 웃게 한다.

초등학교 때의 일이었다. 나는 집안의 맏아들이었기 때문에 부모님의 주된 관심의 대상이었다. 그런데 앞서 말했듯이 내 성적은 늘 중간을 벗어나지 못했다. 처음에는 조금만 더 열심히 하면 되겠다는 격려와 응원이 많았지만, 나아지지 않는 성적 탓에 실망 섞인 질책이 대세를 이루기까지는 그리 많은 시간이 필요하지 않았다. 꾸중 듣는 것이 죽기보다 싫었지만, 공부하기를 더 싫어하는 내 천성은 스스로도 어쩌지 못하는 것이었기에, 결국 응원도 꾸지람도 지겨워진 부모님께서 얼마 가지 않아 자포자기의 심정으로 태도를 바꿀 수밖에 없게 되었다. 잘 되지 않았는가. 눈치보지 않고 계속 신나게 놀 수 있게 되었으니 말이다.

그렇게 공부와 관계없었던 자유로운 나의 영혼은 거침없이 흘러가고 있었는데, 5학년의 어느 여름날이었을 것이다. 아침에 학교에 갔더니 선생님께서 갑자기 내일 시험을 본단다. 예고 없는 시험 선포에 시무룩해져 집에 돌아와서는 눈에 들어오지 않는 공부를 억지로 했던 것 같다. 시험이 코앞에 닥쳤는데 어쩔 수 없는 노릇이었다. 그때의 느낌으로는 아주 오랜 시간 공부에 매달렸던 것 같았는데, 지금 생각해 보니 길어야 한두 시간 정도가 아니었나 싶다.

다음날 다소 긴장하고 시험 치를 준비하고 있었는데, 선생님께서 시험을 내일로 연기한다고 했다. 당장 시험을 모면한 것은 다행이었지만, 내일은 어김없이 또 오게 마련이고 그 지겨운 공부를 또 해야만 했다. 그런데 여러분은 믿겠는가. 일주일 내내 시험이 그런 식으로 계속 미루어졌다면. 여하튼 그것은 거짓말 같은 사실이고, 더욱 놀라운 것은 나도 일주일 내내 그 지겨운 공부에 매달려 있었다는 점이다. 아버지의 회초리로도 어머니의 잔소리로도 절대 가능하지 않았던 공부를 스스로 하게 되었다는 것은 기적이라고 말하지 않을 수 없다.

기적은 또 있었다. 시험 결과가 나왔다. 석차가 60명 중 3

등이었다. 기적이 아닐 수 없었다. 나는 우수한 성적으로 두 개의 상을 거머쥐었다. 3등을 했으니 우등상은 당연한 것이었고, 진보상이라는, 지금 생각해도 참 희한한 상을 하나 더 받았다. 나의 기쁨은 하늘을 찌를 듯했고 세상은 모두 내 차지였다. 지금도 기억한다. 늘 엄하기만 했던 아버지, 회초리로 내 종아리를 치던 아버지의 손끝이 두 개의 상장을 어루만지며 떨리던 것을. 어머니의 치맛바람은 당연히 온 동네를 넘나들기 마련이었다.

나의 학업 성적이 그때를 계기로 크게 나아진 것은 아니었지만, 그때 그 사건은 '할 수 있다'는 자신감과 '하면 된다'는 가능성을 믿게 한 소중한 경험이자, 내 인생을 살찌우는 자양분이 되기에 충분했다. 몸과 마음이 자라면서 그때 기뻐하시던 부모님의 얼굴을 떠올리며 내 힘으로 세상을 기쁘게 할 수도 있겠구나, 하는 작은 깨달음을 얻기도 했고 충만한 자존감으로 세상 앞에서 조금은 당당하게 살 수 있었던 것 같다.

그리고 한 가지 더, 빠트리면 안 될 소중한 후일담이 있다. 그때 그 사건의 씨를 뿌린 선생님에 대한 이야기이다. 그 선생님은 여느 선생님과는 다른 특별한 무엇이 있었다. 당시에는 흔하지 않은 곱슬머리가 그랬고, 나이 지긋하신 다른 선생님들에 비해 턱없이 젊었다는 점도 특이했다. 학교가 파하고 아이들이 모두 돌아간 한적한 교실의 창가에 이젤을 펼치고 창밖의 풍경을 붓질하던 젊은 선생님의 모습은 차라리 꿈속이라야 온당할 만큼, 지금도 아마 영원히 내 머릿속을 떠나지 않을 것이다.

아무튼 시험 날짜를 날마다 연기하는 것으로 아이들 스스로 공부하게 만든 놀랍고도 신기한 그 선생님의 시험 방식은 지금 생각해도 내 가슴을 뜨겁게 한다. 매를 들고 꾸중하고 혼내며 억지로 공부를 시키는 비민주적이고 타율적인 학습 방식을 버리고, 아이들 스스로 공부가 무엇인지를 깨우치게 한 선생님의 따뜻했던 가르침은 내가 아는 한 어떤 교육이론보다 훌륭한 것이었다.

우리말을 다 배우기도 전에 조기 영어교육에 내몰리는 요즘의 아이들이 애처롭다. 학교수업이 끝나자마자 피아노 학원으로 미술 학원으로 쫓기듯 달려가는 어린이들의 뒷모습에서 대한민국의 어두운 미래를 보는 것이 단지 나만의 과장된 우려일까. 아파트단지의 텅 빈 놀이터가 공허한 우리의 교육 현실을 웅변하는 것 같아 마음이 씁쓸하다. 좀 더 자유롭고 여유로운 교육 방식은 영원히 기대할 수 없는 것일까. 그때 그 기적과 함께했던 곱슬머리 선생님이 무척 그립다.

인연

공직생활 30년쯤을 넘기다 보면 어쩔 수 없이 여기저기 옮겨 다닐 수밖에 없다. 그런 와중에 만나는 사람만큼 헤어지는 사람도 많다. 대체로 스쳐 지나는 인연들이다. 옷깃만 스쳐도 인연이라 하지만, 옷깃만 스쳤기에 인연이라 할 수도 없는 만남들이다. 그러나 그런 만남들 속에 뜻밖의 추억이 도사리고 있다. 그 우연성과 의외성이 만남의 기쁨을 배가시킨다.

얼마 전에 한 통의 낯선 전화가 왔었다. 나는 주소록에 없는 전화는 받지 않는 습관이 있다. 때로는 그 옳지 않은 습관 때문에 당황스러운 일 – 이를테면 부임한 지 얼마 되지 않은 탓에 미처 내 휴대폰 주소록에 오르지 못한 상사로부터 걸려온 전화를 받지 않아 난감한 처지에 놓여야 했던 웃지 못할 사건 같은 – 을 여러 번 겪어야 했음에도 쉽게 고쳐지지 않았다. 그날도 예의 그 습관대로 전화를 받지 않았다. 그러나 전화를 건 상대방도 나만큼 질긴 습관을 가지고 있었던 것일까. 하루에 두세 번씩, 그것도 일주일을 넘겨 가며, 새벽이고 한밤중이고 식사시간도 가리지 않고 불쑥불쑥 내 전화기를 두드렸다. 결국 나는 그 전화를 받을 수밖에 없게 되었다.

망치같이 무겁고 둔탁한 목소리가 내 귀를 때렸다. 하지만 거친 목소리답지 않게 말투는 낮고 지극히 조심스러웠다. 그는 먼저 나의 신상을 확인했다. 우체국에 다니지 않느냐고, 고향은 전라북도 어디쯤으로 기억하는데 맞느냐고, 성함이 황00이 아니냐고……. 맞는데 누구시냐고 되묻자, 그는 내 말이 채 전화기를 떠나기도 전에 "아이고, 그 황 선생이 맞네 맞어" 하면서 낮고 조심스러운 말투를 버리고 어린애처럼 폴짝폴짝 뛰는 모습이 연상될 정도로 기쁨에 들뜬 목소리가 전화기 저편에서 날뛰고 있었다. 전후 사정을 알 턱이 없는 나로서는 황당했지만 일단 그의 이야기를 들어 주지 않을 수 없었다.

때는 1997년 겨울쯤. 무대는 용산 1번지 체신공무원교육원. 나는 그때 그곳에서 승진을 앞두고 중요한 교육을 받고 있었다. 그때는 지금과 달리 교육 점수가 승진 여부를 가르는 중요한 변수가 되었기 때문에 학습에 몰두하지 않을 수 없었다. 낮에는 하루에 8시간씩 강의를 듣고 밤에는 분임토의실에서 모포를 뒤집어쓰고 다음 날 새벽까지 공부를 해야 했다.

교육이 이 주일여 지나고 중간고사를 앞둔 늦은 밤이었을 것이다. 다음날 시험이었기 때문에 동료들은 컨디션 조절을 이유로 다른 날보다 일찍 기숙사동으로 모두 돌아갔는데, 어쩌다 보니 나만 홀로 남게 되었다. 그때 적막한 밤공기를 거칠게 휘저으며 다급하게 다가오는 발걸음이 있었다. 바로 최라는 경상도 사내였다. 그는 지난주 집배원반에 입교한 친구였다. 최는 붉게 상기된 표정으로 앞뒤 사정을 밝히지도 않고 처음 보는 나에게 돈을 좀 빌려 달라고 통사정을 했다. 최의 딱한 처지를 도울 수밖에 없었겠지만, 큰 덩치와 거친 경상도 말씨도 한몫했을 것이다. 나는 더듬더듬 주머니를 뒤져 손에 잡히는 대로 최에게 건넸다. 족히 오만 원(그의 말로는 정확히 오만육천 원)이 넘는 돈이었을 것이다. 최는 고맙다고 몇 차례 목례를 하고, 내 계좌번호가 적힌 쪽지를 들고 황급히 사라졌다.

나는 귀가 후 몇 번이나 통장정리를 해야 했다. 돈은 들어와 있지 않았고, 그때마다 거듭 실망했고 실망은 분노로 이어졌다. 나의 어리석음을 탓할 수밖에 없었다. 어떻게 성도 이름도 모르는 경상도 사내에게 덥석 돈을 내줄 수 있단 말인가! 최 앞에서 겁먹은 표정으로 주머니를 뒤지는 내 모습이 자꾸 떠올라 부끄럽기까지 했다. 소심한 나는 결국 시쳇말로 '보험' 들었다고 생각하기로 했다. 그때 만일 돈이 없었거나 돈을 빌려주지 않았다면 무슨 봉변을 당했을지 모르니. 그리고 나와 최와의 황당한 만남은 세월이 흐르면서 내 기억 속에서 완전히 사라졌다.

그런데 어느 날 갑자기 그가 사라진 기억의 저편에서 홀연히 나타나 나에게 손짓하고 있는 게 아닌가. 달갑지 않은 손님 같았지만 사연을 듣고 보니 그럴 만한 사정이 오히려 나를 눈물짓게 했다.

최는 그때 태어나서 처음으로 서울 땅을 밟았다고 했다. 익숙하지 못한 교육원에서 이리저리 휩쓸려 지내다가 그만 지갑을 분실한 것이었다. 게다가 병환 중에 있던 어머니가 위독하다는 연락을 받고 고향으로 내려가야 할 처지였으니. 그러한 연유로 최는 나에게 돈을 구걸할 수밖에 없었단다. 더욱 안타까운 것은 하나뿐인 자식이었던 그가, 당신 어머니의 임종마저 지키지 못했다는 것이다. 최는 황망 중에 장례를 치르고 내게 빌린 돈을 돌려주려고 했지만, 계좌번호가 적힌 쪽지가 사라진 것을 알고 당황하지 않을 수 없었다. 14자리나 되는 계좌번호는 그렇다손 치더라도 내 이름 석 자까지 까먹은 자신의 흐리멍덩한 머리를 많이 탓했다고 했다. 그런 아쉬움 속에서도 세월은 흘렀고, 그는 작년에 30년이 넘는 집배원 생활을 마감하고 부모님이 살던 터전으로 돌아가 흙을 일구며 살고 있었다.

그런데 어떻게 내 전화번호를 알았느냐고 내가 묻자. 한참을 망설이다가 돌아가신 어머님이 도와주셨다는 믿지 못할 대답이 돌아왔다. 어머님의 기일 밤이었는데, 자신이 꿈속에 나타난 어머님께 내 이름을 알려 달라고 통사정을 하더라고. 그리고 잠에서 화들짝 깨어난 신새벽에 내 이름 석 자가 불현듯 떠올랐다는 것이다. 그의 목소리가 전화기 저편에서 떨리고 있었다. 기적 같은 그 말에 나도 가늠할 수 없는 감정에 휩싸여 온몸을 떨었다. 그 후 그는 우체국 직원의 도움으로 나의 존재를 확인했다고 했다.

최는 나에게 직접 얼굴을 보고 사과드리고 싶다면서, 우선 내 계좌번호를 알려 달라고 했다. 나는 정중하게 거절했다. 그 긴 세월 동안 나를 잊지 않은 것만 해도 충분한 보상이 되었기 때문이다. 작은 인연을 하찮게 생각하지 않고 소중하게 간직할 줄 아는 그의 선한 성품이 뼛속 깊이 고맙기도 했다. 나는 오히려 통화를 끝내면서, 나도 모르게 불쑥, 내가 한번 시간을 내서 찾아가겠다고 말해 버렸다. 최라는 마음 따뜻한 경상도 사내를 정말 보고 싶었다.

최는 경북 영주에 산다. 경북 영주는 부석사가 있는 곳이다. 부석사 하면 최순우 선생이 생각난다. 우리 문화유적 탐구를 위해 일생을 바쳤던 최순우 선생의 저서에 "무량수전 배흘림기둥에 기대서서 사무치는 고마움으로 이 아름다움의 뜻을 몇 번이고 자문자답했다"라는 미문이 나온다. 나도 이 문장에 빗대어 어느 날 "무량수전 배흘림기둥에 기대서서 사무치는 고마움으로 우리들의 아름다운 인연의 뜻을 몇 번이고 자문자답" 하고 싶다.

나는 그와 만날 때를 기다리고 있다. 그때가 언제일지는 모르나 우리는 꼭 만나게 될 것이다. 서둘지 않기로 했다. 기다림이 곰삭은 거름이 되어 거기에서 잘 자란 선하고 간절한 마음 하나가 꽃봉오리를 틔울 때, 정말 견딜 수 없는 그리움을 안고 그를 찾게 되기를 바란다. 옷깃만 스쳐도 인연이라는 말이 새삼 눈물겹다.

그날의 슬픔

먼 동네 개 짖는 소리에 별 떨어지듯 목련이 하염없이 지더니, 흐드러진 벚꽃마저 연둣빛 새순에게 젖을 물린 뒤 하늘하늘 사라지더니, 이제는 해그늘에 잠들었던 아기가 기지개를 켜는 양 진분홍빛 발그레한 철쭉이 다투어 핀다.

여기도 철쭉, 저기도 철쭉 그런 날이면, 가슴에 젖은 물길이 열리고 종이배가 개울물에 뜨듯 적막하게 떠오르는 어떤 느낌을 외면할 수 없다. 나는 조용히 눈을 감는다…….

순박하고 나지막한 산들이 아슴아슴 눈에 들어온다. 너울너울 부드럽게 이어지는 산자락 안쪽으로 30여 호의 초가삼간이 온순하고 다정하게 터를 잡았다. 산을 등지고 있는 마을의 앞쪽에는 작은 강줄기가 흐르고, 양옆으로 손바닥만 한 논과 밭들이 다닥다닥 옆구리를 끼고 있다. 가난하지만 소박하고 인심 좋은 동네. 흐릿하게 물안개 속에 잠들어 있는 내 고향의 모습이 영화 속 한 장면처럼 시나브로 클로즈업된다.

동네 어귀의 당산나무 아래 웅크리고 앉아 있는 내가 보인다. 눈자위가 붉게 물들었다. 나무 막대기로 알 수 없는 도형이나 그림을 그렸다 지우기를 반복한다. 그러다가 문득 일어나 뒷산을 향해 뛰기 시작한다. 풀뿌리에 걸리고 다리를 헛짚어 넘어지기를 두어 번. 산등성이의 너럭바위 근처에는 벌써 수묵색 어둠이 내렸다. 바위를 안듯이 고꾸라진 나는 한참 동안 어깨를 들썩였다. 가까운 풀섶에서 한 무리의 새떼가 달아나고 청설모는 나무를 타고 재빠르게 자리를 옮겨 눈치를 살핀다. 먼발치 소나무 숲속의 진달래 군락에는 노을이 물씬 내려 보랏빛을 내뿜고 있다. 나는 이제 일어서서 먼 산을 바라본다. 눈을 깜박일 때마다 눈물이 그렁그렁 별처럼 반짝인다. 막막하고 답답하다. 한 겹 두 겹 조여 오는 어둠 속에서 나는 한기를 느낀다. 두렵다. 어둠을 뿌리치려는 듯 나는 소리를 내지른다. 한 마리 사나운 짐승처럼.

그렇게 산을 내려와 집 앞 골목을 서성이고 있는 나를 어머니가 발견한다. 아직은 초저녁. 어머니는 나를 방 안으로 들일 수 없다. 아버지가 두 눈을 부릅뜨고 나를 기다리고 있기 때문에. 아버지는 두렵지 않았으나 달빛에 이운 어머니의 뒷모습이 슬펐다고나 할까. 그랬다. 문간의 대추나무에 업힌 배고픈 그믐달이 부는 바람 속에서 칭얼거리며 나를 쳐다본다. 나는 조심조심 발자국 소리를 죽이며 어머니를 따라 헛간으로 들어간다. 풀잎을 아삭거리다 놀란 토끼 눈을 보면서 살짝 웃음이 나온다. 어머니가 찐 감자 몇 알을 가져온다. 맛이 없다. 죽을 만큼 고픈 배를 움켜쥐고서도 나는 한 입도 먹지 못한다. 먹지 못할 만큼의 알 수 없는 서러움이 이미 내 몸 안을 가득 채우고 있었던 것일까?

나는 그날 이후 열흘을 앓았지만, 무엇 때문이었는지 전혀 기억에 없다. 그러나 말썽을 부렸다거나, 공부를 하지 않았다거나, 학교를 가지 않았다거나 하는 그런 잡다한 것들로 그때의 서러운 나의 몸짓을 포장하고 싶지는 않다.

나는 잊을 수 없다. 앓고 난 후 처음으로 보았던 강한 햇살 속의 짙푸른 하늘에서 무수히 흩날리던 꽃들의 유희를. 나는 그 꽃잎들이 만들어 내는 아름다운 화음 속에서 섬섬한 주홍빛 눈물로 길쌈하듯 슬픔을 잣으며 온몸을 떨었다. 그리고 지금도 종잡을 수 없는 슬픔이 닥칠 때마다 10살 어린 나이에 나를 휩쓸고 간 내 슬픔의 원형질을 되새기며 맑고 순수했던 그날로 회귀한다. 그날의 적막한 슬픔을 껴안으며 여기저기 철쭉꽃 화려하게 질척거리는 봄날의 들뜬 기쁨을 안으로 안으로 조용히 다독거린다.

거울 앞에서

거울 앞에서 나를 마주한다. 중키에 다소 못 미치는 왜소한 몸매이다. 눈두덩 주변의 굵은 주름과 정리되지 않은 눈썹이 가꾸지 않고 살아온 오십 대 중반의 초췌한 모습을 여실하게 보여주고 있다. 적잖게 희끗해진 머리카락도 중년의 무게를 버티지 못해 힘없이 내려앉았다.

눈을 바라보니, 문득 초등학교 때 친구 어머니의 말씀이 생각난다. 내 초롱초롱한 눈빛을 부러워했던 그 어머니는, 그렇지 못한 자기 아들의 눈빛을 자주 타박했다. 그 어머니의 말씀대로 '호수에 뜬 별'처럼 맑고 깊었던 내 눈동자도 이제 빛을 잃었다. 40년 넘게 안경에 의지해 온 시력은 의심과 눈치 보기로 기웃거린 얄궂은 세월의 흔적이 가득할 뿐이다.

이마는 얼굴의 여백이다. 좁은 이마는 얼굴 전체의 상을 일그러뜨린다. 좁은 이마로 인해 균형감이 무너진 얼굴은 박복하게 보일뿐더러 속 좁다는 소리를 듣기 십상이다. 널찍한 이마는 사람들에게 너그러운 인상을 주는 반면, 이마가 좁은 사람은 여백 없는 산수화와 같다. 잡목이 우거진 숲처럼 발 디딜 틈 없는 화폭에 사색과 여유가 깃들 여력이 없다. 만나면 답답하여 도망치고 싶은 사람이 있다면, 그 사람은 자신의 좁은 이마를 탓해야 될지도 모르겠다. 나는 다행히 이마가 좁지 않은 편에 속한다. 살아오면서 속 좁다는 소리보다는 헤프다는 이야기를 많이 들었다. 어느 쪽이 세상살이에 더 유리한지 모르겠으나, 나의 좁지 않은 이마를 보면 다소 위안이 된다.

생전의 아버지는 내 머리가 사모관대에 잘 어울리는 두상이라며 관운이 있을 것이라고 말하곤 했다. 막걸릿잔이나 얼큰해지면 '큰 인물 될 상'이라고도 했다. 그런 자부심 탓인지 명절 때는 반드시 읍내에 있는 이발관으로 나를 데려가는 것을 잊지 않으셨다. 넉넉하지 못한 주머니를 서슴없이 열어 상고머리를 해주셨다. 앞머리를 조금 길게 놓아두고 옆머리와 뒷머리를 치올려 깎은 품새는, 당시 흔했던 까까머리에 견줄 수 없을 정도로 꽤나 앞서가는 헤어스타일이었다. 거울 앞에서 긴 앞머리를 가지런하게 고르는 내 모습을 바라보던 친구들의 부러운 눈빛이 지금도 아슴아슴하다.

평시에도 아버지는 내 두상 관리에 심혈을 기울이셨다. 기계독이 하얗게 내려앉은 내 머리를 치료하는 데 시간을 아끼지 않으셨다. 기계독 치료 방법은 대충 이렇다. 신문지를 돌돌 말아 기계독이 앉은 부분에 밀착시키고 불을 붙이면, 신문지가 타면서 매캐한 석유 냄새가 난다. 거기서 나오는 기름이 기계독 치료 약인 셈인데, 때로 머리가 벗어질 정도로 뜨거워 나도 모르게 자리에서 튕겨져 나가는 경우도 더러 있었다. 아버지는 신문지를 이용한 기계독 치료가 시원치 않으면, 아버지 말고는 다른 사람은 절대 모른다던 자신만의 비방을 꺼내 들었다. 치료 약의 주성분은 동백기름에 담뱃가루와 백분이었는데, 내가 모르는 몇 가지 재료가 더 있는 듯도 싶었다. 아무튼 그 치료 덕분에 나는 다른 애들보다 기계독에서 쉽게 벗어나곤 했는데, 그 소문이 근동에 퍼져 한때 아버지의 기계독 치료약이 인기리에 팔려 나간 적이 있었다. 아버지는 짭짤한 수입 덕분에 더 흥이 났고, 급기야는 내 머리를 실험 대상으로 삼아 더 좋은 약을 개발하기에 힘쓰셨던 기억이 새롭다. 다른 부모들도 마찬가지였을 테지만, 없는 집안에서 머릿수 많은 자식을 남보란 듯이 챙기기는 쉽지 않은 시절이었기에 지금도 그 시절 아버지의 정성스런 손길을 잊을 수 없다.

그런데 불행히도 나는 아버지로부터 물려받은 금지옥엽 같은 몸을 제대로 간수하지 못했다. "신체발부身體髮膚 수지부모受之父母, 불감훼상不敢毁傷 효지시야孝之始也"라고 했으니, 그 죄가 사뭇 크지 않을 수 없겠다. 사람의 신체와 터럭과 살갗은 부모에게 받은 것이니, 이것을 감히 손상시키지 않는 것이 효의 시작이라는 효경의 가르침에 반한 삶을 살아왔기 때문이다.

건강한 생활을 유지하기 위해서는 섭생이 가장 중요하다. 섭생의 기본은 음식과 운동에 있다. 하지만 나는 이 두 가지에 모두 소홀했다. 타고난 건강 체질이 아님에도 젊음을 과신하고 챙겨 먹는데 소홀했을 뿐 아니라 운동과는 거리가 먼 삶을 살아왔다. 대충 때우는 식습관과 빈번한 음주, 과도한 스트레스는 몸을 망치기에 합당한 조건이었다. 게다가 운동 신경이 부족한 집안 내력 탓이기도 하겠지만, 어떤 운동이든 길게 즐기지 못했다. 지고는 배겨 내지 못하는 성격도 운동을 즐길 수 없게 하는 요인이 되었다. 아시다시피 대부분의 운동은 승부를 겨루는 게임이기 때문이다. 매번 지면서 스트레스만 받는 운동을 굳이 할 필요가 없다는 어처구니없는 판단이 부모에게 받은 신체발부를 감히 훼상하게 하는 중요한 요인이 된 것이다.

거울에 비친 내 몸은 초라하고 볼품없다. 한때 75kg이 넘던 몸무게가 사십 대 초반을 넘어서면서부터 빠지기 시작해 이제 60kg도 채우기 어렵다. 내 몸 안에는 물먹는 하마가 아니라, 체중을 먹어치우는 코끼리라도 들어있지 않나 의심스러울 지경이다. 문제는 당뇨였다. 당뇨는 유전적 기질이 강한 병이다. 생전의 어머니가 당뇨로 힘들어 하시는 것을 옆에서 보아 왔음에도 간과하고 무시하고 설마 했다. 작년 이맘때 나는 이 병의 합병증으로 혼쭐이 났다. 당뇨와 더불어 찾아온 갑상선 항진증은 나를 나락으로 떨어뜨렸다. 이제 겨우 몸을 추슬렀지만, 그때의 절망과 공포는 내 몸의 세포 하나하나에 각인되어 있을 만큼 처절한 경험이었다.

당뇨병은 잘 관리하면 무난한 병이다. 병 자체로는 위험하지 않고 다른 병처럼 치명적인 위험을 동반하지도 않는다. 그러나 심각하지는 않지만 심란한 병이다. 치료되지 않는 병이기 때문이다. 매일같이 약을 챙겨 먹어야 하는 번거로움도 그렇고, 하루에 두세 번씩 혈당을 체크하는 일은 스스로를 근천스럽고 역겹게 만든다. 단 음식을 피하고 소식小食과 아울러 영양관리에 특별히 신경을 써야 하는 것도 주변을 피곤하게 하는 일이다. 이런 일을 일평생, 그것도 하루하루 꼬박꼬박해야 한다면 심란하지 않을 수 있겠는가? 더구나 이 심란한 일을 게을리하면 합병증의 족쇄에 걸려 언제든 목숨을 내놓을 각오를 해야 한다. 때문에 심각하지 않다는 말도 이 병 앞에서 오만하기 그지없는 위선에 불과하다.

"건강한 육체에 건강한 정신이 깃든다"라는 말이 있다. 하지만 이 말은 내 경험상 순서가 틀린 말이다. 절제하지 못하는 성정과 분별없는 사고가 나를 당뇨병이라는 나락에 떨어뜨렸기 때문이다. 그래서 건강한 정신이 건강한 육체를 만든다는 말이 더 옳다고 생각한다.

사상의학의 창시자인 이제마 선생의 말씀도 같은 맥락에서 이해할 수 있다. 선생은 "사람의 엉덩이에는 게으름이 들어있고, 어깨에는 교만함이, 허리에는 음란함이, 심장에는 욕심이 들어 있다"라고 갈파했다. 적확한 지적이다. 내 병의 팔 할은 뭉그적거리는 엉덩이의 게으름에서 나왔다고 해도 과언이 아니다. 게을러서 하지 못한 운동이 지금의 초라하고 병든 몸을 만든 주범이다. 게다가 주변의 충고와 의사의 진단을 따르지 않는 교만한 성격이 병을 더 키웠다. 욕심도 마찬가지다. 일 욕심, 술 욕심과 더불어 하찮은 명예욕과 눈앞의 이익 때문에 얼마나 많은 스트레스를 받고 건강을 해쳐왔던가.

이제는 어쩔 수 없다. 묘약도 없고 백약이 무효다. 그것을 인정하고 잘 견디는 수밖에. 삶은 어쩌면 내 당뇨병처럼 고치는 것이 아니라 잘 견디는 것인지도 모른다. 병든 몸을 잘 관리하며 살아있는 한 온전한 정신이 깃들기를 바랄 뿐이다. 세간에 떠도는 말에 휩쓸려 몸에 좋다는 온갖 보양식을 쫓아 구걸하는 모습들은 얼마나 구차하고 애잔한가. 병을 무시하고 방치하는 태도는 좋지 않지만, 어차피 병들어 사라져야 할 몸이라는 것을 안다면 병 앞에서 좀 떳떳해야 한다. 그것이 생로병사의 철학적 가르침이다. 당나라의 시인 이상은이 노을 빛 미소 한 자락을 건네며 거울 속의 초라한 나를 위로한다.

"저물녘 마음 둘 곳 없으매

수레를 몰아 옛 언덕에 올랐어라

석양은 끝없이 펼쳐져 좋으나

어찌하리, 황혼이 가까운 것을"

오월

오월의 황금연휴가 시작되었다고 한다. 늦잠과 짧은 운동으로 대충 때우고 나니 벌써 오후 세 시가 넘었다. 쉬는 날이지만 잠깐 우체국에 다녀올 일이 있다. 대통령선거 사전투표 우편물 접수 때문이다.

천변의 백화점 인근 도로가 차와 인파로 몸살을 앓고 있다. 자동차 경적과 호루라기 소리, 사람들의 고함소리가 뒤엉켜 혼란스럽다. 늘 한산했던 터미널도 오늘만큼은 활기가 넘친다. 오색 풍선이 여기저기 둥둥 떠다니고, 막대사탕을 빨고 있는 어린아이의 입에서 단내가 풍긴다. 그러고 보니 오늘이 어린이날인 것이다. 새싹 같은 아이들을 안고 손잡고 웃고 떠드는 젊은 엄마와 아빠들의 발걸음이 날 듯 가볍다. 싱그럽다. 부산한 인파 사이로 나만 한가로운 것처럼 보여 어색하다. 아니 허전하다. 아버지와 어머니는 진즉 돌아가시고, 딸은 눈에 닿지 않는 먼 곳에서 제 길을 가고 있다. 아들도 이제 클 만큼 커서 같이 살아도 품 안의 자식이 아니다. 그러니 허전할밖에.

더구나 오늘은 아내도 곁에 없다. 청산도로 외도로 통영으로 친구들과 어울려 2박 3일 봄나들이를 갔기 때문이다. 때로는 시시콜콜한 존재지만 막상 떠나고 나면 아쉽다. 한 끼 식사도 그러려니와 무언가 헛돌고 있다는 느낌은 쉽게 떨쳐 내기 어렵다. 아내 없이는 텅 빈 집안의 분위기를 무엇으로도 채울 수 없다. 다 큰 아들놈의 낯빛조차 조금은 어설퍼 보이기까지 한다.

온갖 꽃들과 신록으로 우거지는 바깥의 풍경과 대비된 탓일까. 왠지 오늘따라 아내 없는 빈 공간이 더 크게 느껴진다. 서늘하고 적막한 집안 분위기가 돌아올 수 없는 사람들에 대한 그리움을 사무치게 한다. 때마침 오월이고 보니 그리움의 색깔이 더욱 선명하게 내 가슴을 얼룩지게 한다. 다시 만날 수 없는 사람에 대한 추억은 아프다.

여름이면 풀 먹인 모시옷으로 어린 나를 깔끔하게 단장했던 어머니의 알뜰하고 다정한 손길은 지금도 내 몸 곳곳에 지문처럼 남아 있다. 늘 아파서 자리보전을 했던 어머니, 그 머리맡 자리끼의 쉰 보리차 냄새가 아직도 내 코끝에서 스멀거린다. 그곳에서는 아프지 않기를 바라는 아들의 마음을 아는지 모르는지……. 수십 년 전 어머니가 앓았던 통증이 온전하게 내게 건너오고 있다. 여전히 아프다.

아버지, 무엇이라고 정의할 수 없는 무거운 존재감. 한 마디가 잘려 나간 아버지의 오른손 집게손가락이 문득 생각난다. 일제강점기에 징집을 면하려고 스스로 잘랐다던가. 내 종아리에 감긴 회초리 자국과 도망치는 나를 끝까지 쫓아와 뒷덜미를 낚아채던 거칠고 투박한 손길이 오히려 그립다. "너는 죽어도 흙 파먹고 살지 말라"던 그 말씀은 지금도 귀에 쟁쟁하다. 눈물 같은 건 아예 없었던 아버지의 눈에서 기어코 눈물을 뽑아냈던 노년의 병마는 나를 더 슬프게 한다. 후두암 판정과 수술까지 10년. 아버지는 말을 잃은 뒤 견고한 울타리 안에 자신을 가두고 수인囚人 같은 혹독한 세월을 견디며 쓸쓸한 노후를 보내야 했다. 자식들에게 누가 될까 싶어 자신의 누추한 삶과 고통을 감추기에 급급했던 그 쓸쓸한 미소와 허공에 뜬 눈동자를 잊을 수 없다.

그리고 안타까운 나의 남동생. 어머니가 생각지도 못한 임신에 갖은 약초로 중절을 시도하다 어쩔 수 없이 이 세상에 내던져진 불운아. 동생은 선천적인 지적장애아로 집안의 골칫덩이이자 천덕꾸러기였다. 또래의 놀림감이 되어 식구들의 마음을 상하게 했고, 생각지도 못한 문제를 일으켜 주변을 수시로 놀라게 했다. 졸졸 뒤를 따라다니는 그런 동생이 부끄러워 쥐어박고 걷어차기를 서슴지 않은 나는, 동생 앞에서 영원히 죄인일 수밖에 없다. 원인 모를 병을 얻어 시름시름 앓다가, 제 병을 제대로 한 번 표현하지 못하고, 그러다 저러다 막무가내로 저세상으로 가버렸다. 나보다 아내를 더 좋아하고 싱글벙글 따랐던, 맑고 곱기만 했던 나의 어린 영혼은 오늘도 속절없이 맑은 오월의 하늘가 외진 구석에서 울고 있지나 않을지.

그러고 보면 사람이란 존재는 참 편하다. 산 사람은 살아야 한다는 어처구니없는 논리로 자신만을 두둔하면서 까맣게 잊고 살다가, 문득 서러운 어느 날이면 그들을 멀고 먼 기억 속에서 불러내 자신을 위로해 달라고 하소연한단다. 그러나 나도 그럴 수밖에 없는 존재이다. 떠난 사람들의 옷깃마저 부여잡지 않고서는, 그 그리움 한 조각으로 부실한 나를 달래지 않고서는 여전히 만만치 않은 세상살이 더는 견딜 수 없을 테니까.

사전투표 우편물 접수가 차질 없이 마감되었다. 밖에는 뜻밖에 비가 내린다. 우산에 닿는 빗방울 소리가 싱그럽다. 이 오월이 지나면 신록은 더욱 울창해지고 세월은 또 덧없이 흘러가리라. 세상의 모든 사람 중의 하나에 불과한 나도, 흐르는 세월과 더불어 나이에 나이를 더하며 종국에는 먼저 간 이들의 뒤를 따를 수밖에 없다는 것을 안다. 하지만 오늘은 어린애처럼 그리움을 한껏 껴안고 오월의 하늘을 풍선처럼 날고 싶다. 가슴 깊은 곳의 그리움 한 장을 꺼내 어머니, 아버지, 그리고 나의 처량한 동생에게 힘껏 흔들고 싶다. 내 마음의 안쪽, 유년의 빈방으로 그들을 초대해 마음껏 끌어안고 한없이 울고 싶다.

추석 단상

또 추석이다. 매번 돌아오는 추석이지만 올해는 더 넉넉한 느낌이다. 긴 연휴 때문이다. 지금껏 열흘씩이나 쉬어 본 기억은 없다. 그래서 해외여행을 떠나는 사람이 많다. 연휴 초입부터 공항이 북새통이란다. 임시공휴일까지 지정하면서 긴 연휴를 마련한 정부의 의도는 내수 활성화에 그 목적이 있겠지만, 그렇다고 해서 해외로 떠나는 그들의 즐거운 발목을 붙잡아 둘 수는 없겠다.

해외로 떠나는 사람도 많지만 국내에서 이동하는 인구도 상상을 초월한다. 3,700만 명이라고 하니 전 국민의 80%가 어딘가로 떠나는 셈이다. 그들이 찾는 곳은 대부분 고향일 것이다. 고향에 두고 온 부모와 산천, 어린 날의 추억과 성장통이 고스란히 묻힌 그곳에 가지 않으면, 우리에게 추석은 추석으로서의 의미를 가지지 못한다.

일탈과 방황은 다시 돌아갈 곳이 있다는 것을 전제로 한다. 사람은 한곳에 머물러 살 수 없는 존재다. 탯줄을 끊고 어머니의 자궁에서 벗어나는 순간부터 우리는 끊임없이 어딘가로 떠나는 꿈을 꾼다. 안마당을 벗어나 골목길을 누비기 시작하면서 무지갯빛 환상에 들떠 산 너머의 바깥세상을 동경하게 된다.

하지만 막상 우리가 동경하는 세상은 무지갯빛만은 아니다. 인생은 멀리서 보면 희극이고, 가까이에서 보면 비극이라는 말에 수긍해야 한다. 멀리서 보는 산자락의 무지개는 아름답기 그지없다. 그러나 그 무지개를 잡으러 떠난 우리의 발걸음은 무겁다. 가파른 능선을 올라야 하고 협곡을 건너야 한다. 숨이 턱까지 차오르는 고통을 견뎌야 하고, 비바람과 살을 에는 추위를 고스란히 껴안아야 한다.

그러고도 우리의 발걸음은 무지개를 따라잡을 수 없다. 무지개는 걸어온 그만큼 멀어졌거나 아예 사라졌다. 지친 몸에 남아있는 것은 절망뿐이다. 욕망하고 경쟁하고 갈등하면서 우리의 삶은 점차 일그러지고 망가진다. 꿈이 사라진 자리에는 일상에 매몰된 비루함만이 초라하게 비틀거린다. 사소한 분노와 이유 없는 초조함이 삶을 지치게 하고 멍들게 한다. 일상은 몸부림칠수록 더 깊은 늪 속으로 빠져든다. 삶은 두려움 속에서 헛돌고 무지개는 꿈에서조차 사라진 지 오래다.

그런 와중에 우리는 앞만 보고 살 수 없다는 것을 눈물겹게 깨닫는다. 그래서 우리는 그곳으로 발걸음을 되돌릴 수밖에 없다. 고통받고 상처로 앓는 우리를 받아줄 곳은 고향의 너그럽고 넉넉한 품밖에 없다는 것을 본능적으로 알기 때문이다. 그곳은 우리의 유일한 안식처이며 치유의 공간이다. 온몸에 상처를 안고 누더기로 겨우 알몸을 가린 채 '돌아온 탕자'(렘브란트의 그림)를 어루만지는 늙은 아버지의 모습이 바로 고향이다. 절대적인 자애와 조건 없는 사랑, 영원한 용서가 거기에 있다. 아직도 우리들의 고향에는 시기와 무정과 죄악으로 들끓는 인간과 인간의 세상을 벗어난 신의 마음이 오롯하게 존재한다. 그래서 우리는 오늘도 그곳으로 간다. 우리의 삶을 여기에서 멈출 수 없기 때문에 그곳으로 가야만 한다. 거기에는 우리를 다시 태어나게 하는 신비하고 싱싱한 에너지가 존재한다. 그곳만이 우리를 다시 일으켜 세우고 다시 시작할 수 있게 한다.

처가로 가는 열차 안에서 불현듯 노래 한 곡이 보름달처럼 가슴 가득 떠오른다. 런던 리베라소년합창단의 'going home'. 맑고 부드러운 음색이 나를 감싸며 속삭인다. 더 이상 근심 걱정하지 말고 여기에서, 지금부터 네 삶을 다시 힘차게 시작하라고.

"내 고향으로 가리라.

평온하고 조용한 날은 저물어

내 고향 가리.

모든 일 끝내고 염려하지 않고

무서워하지도 않으리.

어머니 날 걱정하고 아버지 날 기다리는 곳

낯익은 얼굴들 모두 친구라네.

고향으로 가리.

근심 걱정 더 이상 없고

방황하지 않으며 허송세월하지 않으리.

근심 사라져 새 삶이 시작되리.

아직 삶이 끝나지 않아

진실된 삶으로 마음 비우고 나는 가리.

내 고향으로 가리라."

12월의 첫날

12월의 첫날!

묘한 느낌이다. 12월은 한 해의 마지막 달임에 틀림없는데, 그 마지막 달에 첫날이 놓여 있기 때문이다. 역설이라고 해야 할지도 모르겠다.

12월은 한 해를 마무리하는 달이다. 그래서 늘 후회가 많은 달이기도 하다. 이것저것 계획했던 일이 미진한 채 남아 있거나, 생각지도 못한 의외의 사건으로 곤란을 겪었던 일, 가족이나 친구, 지인들에게 소홀했던 일들이 생각나 가슴 아프다. 덧없는 세월, 늘어가는 주름에 한숨이 쏟아지기도 한다. 그래서 망년회라는 이름을 핑계 삼아 진탕 에너지를 발산함으로써 한 해의 좋지 않았던 기억을 망각 속에 파묻고 싶은 것이리라.

그런 달이 12월이라면 누구나 달갑지 않다. 아예 닥치지 말았으면 싶기도 하고, 건너뛰고 싶기도 하다. 그러나 처음이 있으면 끝이 있고, 마무리라는 매듭은 휴식이라는 의미에서, 새로운 시작을 위해서 반드시 필요한 절차가 아닌가 싶다. 쉬지 않고 가는 열차가 없듯이, 인생의 간이역에서 잠시 숨을 돌리며 지나온 길을 반추하고, 앞으로 가야 할 미지의 세계에 대한 가벼운 설렘으로 들떠 보는 것도 나쁘지 않다.

어디, 살아온 세월이 모두 나쁘기만 했는가. 나쁜 일이 100이었다면 좋은 일도 70, 80은 되었으리라. 성공도 있었고 실패도 있었다. 한 발자국의 절망 속에는 반 발자국의 희망이 반드시 섞여 있기 마련이다. 긍정의 눈으로 스스로를 바라보면 충분하지 않지만 많은 부분에서 성공한 인생일 수 있다.

한 해의 마지막 달인 12월, 어찌 보면 절망의 달일 수 있다. 하지만 12월의 첫날은 그 절망(12월을 만약 그렇게 말할 수 있다면) 속에서 움트는 작은 희망의 첫날이라고 말할 수도 있겠다. 그래서 작은 희망의 첫날을 소중하게 보듬고 두근거리는 가슴으로 오늘 하루를 보내고 싶다. 이제 마무리가 끝이라고 생각하지 않기로 했다. 일출을 기다리는 뜨거운 가슴으로 수평선을 바라본다.

고마운 사람과 함께하는 송구영신

마음이 다급해진다. 부질없이 흘러가는 세월 때문이 아니다. 한 해를 보내고 새해를 맞이해야 할 시기에 제대로 마무리하지 않고, 새로운 각오 한 줄 염두 해 두지 않은 채 그냥 넘어가기가 여간 개운치 않아서이다. 계획이다, 목표다, 이런 것들로 부산을 떨며 스스로를 옥조일 나이는 지났지만, 무언가 갈무리하지 않으면 안 된다는 조바심이 마음을 다그치는 느낌을 외면하기 어렵다.

송구영신하는 방법은 여러 가지가 있을 텐데, 막상 무엇을 해야 할지 마땅히 손에 잡히는 것이 없다. 여행을 생각하다 그만두었다. 시간도 시간이려니와 준비하는 과정의 번잡함이 어쩐지 마뜩잖다. 그렇다고 새해의 할 일을 억지로 쥐어짜내 일정표를 메꾸는 일은 더더욱 억지스럽다. 생각 끝에, 생각할수록 복잡해지는 머릿속 대신 그동안 미루어 두었던 책들을 정리하기로 했다.

우선 집 안 곳곳에 쌓아둔 책들과 서가에 아무렇게나 꽂아

둔 책들을 방바닥에 가득 늘어놓았다. 장르별로 분류해 정리할 참이다. 그런데 모든 일은 계획대로 되지 않는 법이다. 미처 읽지 못한 책과 읽다 만 책들이 정리하는 손을 방해했다. 그것들을 골라내는 일을 먼저 해야만 했다. 장애물은 또 있다. 분명 읽었는데 내용이 전혀 생각나지 않는 책들. 먼지 묻은 손으로 책장을 넘긴다. 곳곳에 메모가 있고 잉크 자국이 번진 밑줄들이 있다. 밑줄만 읽어서는 이해되지 않으니, 주변의 문장들을 아울러 읽을 수밖에 없다. 서너 쪽은 족히 더 읽어야 내용을 파악할 수 있는 책도 적지 않다. '책 정리'가 '책 읽기'로 변질되는 순간이다. 나는 온종일 그렇게 책과 씨름하는 노동을 지불해야 했다.

하지만 의외의 소득이 있었다. 기억에서 사라진 명문장을 다시 소환하는 즐거움도 빼놓을 수 없지만, 송구영신하는 괜찮은 방법 하나를 찾아낸 것은 뜻밖의 행운이었다. 우리 문단의 회장이신 박효석 시인의 시집 『풍금처럼 살고 싶다』가 그 단초를 제공했다.

박효석 시인에 대해서는 구차한 설명이 필요 없다. 시력 39년과 20권의 시집이 그의 전부를 부족함 없이 웅변하고 있기 때문이다. 오랜 세월 지병과 동거하면서도 자신의 피를 물감삼아 새긴 그분의 시 앞에서는 누구든 고개를 숙이지 않을 수 없다. 나는 등단 이후 그분의 품 안에서 자랐다. 작지만 당당한 체구에서 나오는 엄격함이 나와 나의 시를 늘 긴장하게 만들었다. 나는 그분 앞에 부끄럽지 않은 시를 내놓기 위해 몸부림쳤고, 그분은 몸부림 속에서 싹튼 가련한 나의 시혼을 따뜻한 가슴과 고요한 눈빛으로 격려하고 다독여 주셨다. 그분은 시를 가르치지 않는다. 하지만 나는 '삶 자체로서 시'가 무엇인지 그분을 통해 배웠다. 그분은 내 시 인생의 초석이자 디딤돌이다. 그러니 고맙지 않을 수 없다.

나는 오늘 고마운 그분을 기억하며, 그리고 그분이 그랬던

것처럼, 누추한 내 인생의 골목골목에서 만난 고마운 분들과 함께 송구영신의 기쁨을 나누고자 한다.

고마운 사람들 목록 1순위는 고맙다는 말로는 잘 설명되지 않는 나의 아내 차지가 되겠다. 아내는 나에게 헤프게 던진 사랑한다는 말 한 마디의 대가로 평생을 가난과 고통과 슬픔 속에서 살아왔다. 오늘도 여전히 아내는 성치 않은 다리로 어설픈 내 인생을 떠받치기 위해 운명처럼 시시포스의 돌을 나르는 일에서 벗어나지 못하고 있다. 그러니, 고맙다는 말로 면책하기에 내 죄는 너무 크다.

나와 내 가족을 먹여 살리고 부족한 나를 여기까지 데려온 직장과 선후배를 비롯한 동료들도 고마운 사람들의 목록에서 빼놓을 수 없다. 그들 없이는 내 존재를 제대로 설명할 수 없기 때문이다. 영업창구의 텔러로부터 집배원에 이르기까지 어느 한 사람도 내 삶에 영향을 주지 않은 사람은 없다. 그들이 행복하지 않으면 나는 한순간도 행복할 수 없다.

손근호 발행인을 비롯하여 문단 식구들은 내 인생의 2막을 설계한 귀중한 사람들이다. 부족한 나를 그들의 울타리 안으로 들여 시인으로 바로 서게 하고 따뜻하게 손잡아 주지 않았다면, 후반기의 내 인생은 절벽을 할퀴며 분노하는 날 선 파도의 물거품처럼 소모적이고 무기력한 저항에 불과했으리라.

이밖에도 여전히 나를 잊지 않고 찾아 주는 죽마고우들. 그동안 챙겨주지 못해 미안한 친구와 선후배들. 오랫동안 찾아 뵙지 못해 송구한 마음뿐인 선생님. 어디 그뿐이랴. 망각 속에 깊이 묻혀 있던 낯선 목소리가 어느 날 갑자기 휴대폰을 깨우며 반갑게 다가와 내 시를 우연히 읽었노라며, 두 권의 시집을 흔쾌히 사주었을 때의 감동은 쉽게 잊히지 않는다.

드문 일이기는 하나 보잘것없는 내 시를 인터넷이나 SNS 이곳저곳에 퍼 나르는 고마운 손들에게도 감사한다. 작년 이맘때 촛불로 광장을 가득 메우며 나라다운 나라, 정의로운 대한민국을 외쳤던 뜨거운 가슴들과 최근 페이스북을 달군 '김민섭 찾기' 프로젝트에 이르기까지, 예전에는 쉽게 볼 수 없었던 따뜻한 감동과 희망의 연대는 내 삶에 큰 울림을 주기에 충분한 사건이었다. 그들에게도 역시 고개를 숙이고 싶다.

이 정도만으로도 한 해의 내 비망록은 전혀 군색하지 않다. 그들의 이름을 하나하나 백지 위로 호명하며 대화를 나누는 재미는 어떤 송구영신의 의식보다 장엄하고 의미가 크다. 그들에게 오늘, 눈처럼 하얗고 숭고한 마음을 가득 담아 큰절을 올린다. 새해에는 내가 아는 모든 따뜻한 마음들이 제 길을 찾아 아름답고 행복한 삶을 누리기 바란다. 송구영신!

슬픔 끝, 행복 시작

새해라고 해서 특별히 달라질 것은 없다. 세끼 밥 먹고 어제의 그 사람들과 삶을 부대껴야 한다. 어제 했던 일을 반복하고 후회하며 반성하는 세월이 또 흐를 것이다. 이 추위가 가면 꽃 피는 봄이 오고, 무더위 속에서 여름이 가고 가을이 오고, 헐벗은 나무 곁으로 다시 추운 겨울이 다가올 것이다. 그런데 무엇이 달라지겠는가. 흐름의 연속일 따름이다. 어디쯤 와 있고 어디로 가야 할지 모르는 우리는, 그 유장한 흐름 가운데 한 해를 보내고 새해를 막연하게 기다리고 있을 뿐이다.

동해의 일출을 보기 위해 많은 사람들이 인산인해를 이루고 있다고 방송에서 떠들썩하다. 일몰과 일출 속에서 한 해를 보내고 새해를 맞는 소시민들의 소회는 대동소이할 것이다. 지난해의 좋지 않았던 시간들과 아쉬움은 모두 잊고, 새해에는 더욱 건강하고 행복했으면 좋겠다는 작은 소망이 담겨 있기 마련이다. 나도 그들과 다르지 않다. 슬픈 일과 고통스러운 일이 반복되지 않았으면 좋겠고, 보다 보람되고 나아진 삶을 기대한다. 그런데 한 해를 마무리하는 시점에서 그런 자잘한 소망이 더 절실해지는 까닭은 무엇일까?

아마 더 잘 견디기 위해서가 아닐까, 생각해본다. 대부분의 사람들은 하루하루를 견디며 희망에 닿을 수는 없어도 희망을 바라보며 내일은 좀 더 나아지겠지, 내일은 반드시 좋은 일이 있을 거야,라는 근거 없는 믿음과 다짐을 반복하며 살고 있다. 그렇게 하지 않으면 견딜 수 없는 것이 우리네 삶의 속성인지도 모른다. 그래서 한 해가 끝나고 새해가 시작되는 날의 언저리에서 슬픔을 깔끔하게 매듭짓고 부푼 가슴으로 희망의 일출을 간절하게 바라보고 싶은 것이리라.

생각해 보면 희망이 없어도 있다고 믿고, 고통스러운 나날이 반복되더라도 내일은 기쁨 속에서 해가 뜨리라는 소박한 믿음은 얼마나 소중한가. 척박한 오늘을 견디는 에너지는 이 같은 소박한 믿음에서 샘솟는다. 믿음마저 버리면 오늘의 고단한 삶을 어떻게 견디겠는가.

병신년을 보내고 정유년을 맞이하는 지금 이 시간, 우리 모두 "슬픔 끝, 행복 시작"이라고 크게 외치며 모든 고통과 슬픔, 낙담과 좌절을 한 해의 일몰과 함께 멀리 떠나보내고 기쁨이 넘치는 새해가 되었으면 좋겠다. 그랬으면 정말 좋겠다.

설날 아침

오늘도 추모관을 향해 길을 나선다. 늘 걷는 길이다. 부모님이 안치된 그곳은 이제 나의 산책길이 되었다. 어제는 종일 비가 내리더니 설날인 오늘은 맑고 차갑다. 아버님이 떠나신 지 12년, 어머님이 떠나신 지도 벌써 9년이 흘렀다.

무심하다고 할 수밖에 없다. 그동안 슬픔도 오갔고 기쁨도 스쳐 갔다. 무엇을 크게 이룬 것도 없지만 잃은 것도 없다. 세월이 흘렀을 뿐이다. 나빠진 것을 들라면 그 무심한 세월 탓을 해야겠다. 나이에 나이를 더하면서 얼굴에 주름이 많아지고, 가끔씩 아프고 활기도 예전만 못하다. 맥없는 일상 앞에 자꾸 외로움이 찾아온다. 견디려 하지만 힘들 때가 많다. 아내가 곁에 있고 아들딸도 그럭저럭 제 몫을 다하고 있으니, 어쩌면 나의 이 외로움은 엄살일지도 모르겠다.

그런데 아니다. 무엇 때문이 아니라 내 천성이 원래 그렇다고 해야 옳겠다. 생각해 보면 언제 한번 신나게 즐거웠던 적이 있었나? 무덤덤한 일상은 늘 나를 아프게 했다. 원인 모를 외로움 속에 고독을 부둥켜안은 채 살고 있는 것이다. 나이 들면서 주변의 모든 것이 변했는데도 철없는 내 외로움만은 예전 그대로 견고한 울타리 안에 주저앉아 있다. 어쩔 수 없는 노릇이다.

그런데 오늘은 아닌 척하고 싶다. 작고 하찮은 일상에서 기쁨을 발견하고 발걸음을 더 힘차게 내디디고 싶다. 구부러진 내 심성을 곧게 펴고 모든 일에 감사하며 정성껏 소박하게 살 수는 없는 것일까? 그래 설날이니까 설날답게 새로운 모습으로 다시 시작해야겠다. 내 안의 어두운 우물에서 벗어나 메마른 세상의 뿌리를 적시는 한 바가지 샘물이라도 되어야 할 때다. 이제 새해의 의미를 비좁고 그늘진 내가 아니라 세상의 희로애락 속에서 찾아야 하리라.

영정 속의 아버님도 어머님도 그렇게 살라고 나를 응원하는 듯싶다. 두 분의 영정 자리가 다른 때보다 밝다. 아마 어제 다녀간 동생이 영정 앞에 조화를 새로 꽂아 놓은 탓이리라. 말없는 동생의 손길이 느껴져 마음이 따뜻하다.

햇살이 참 좋다. 추모관 정원 한쪽에 있는 폭포의 물소리가 올망졸망 정답다. 눈에 보이지 않는 작은 물줄기들이 눈 덮인 폭포를 안으로부터 살금살금 녹이고 무너뜨리면서 나무나 동물 등 식별할 수 없는 여러 가지 아름다운 모양을 지어 놓았다. 휴대폰 카메라로 그 풍경을 담는다. 양지바른 나의 마음 속에서 기쁨이 싹트는 소리가 들린다. 기분 좋은 아침이다.

할아버지와 누렁이와 꿀밤 다섯 개의 선생님

어젯밤에 눈이 많이 왔다. 지나가는 사람마다 주머니에 손을 넣고 종종걸음을 치고 있는데, 골목 저쪽에서 옆집 할아버지가 누렁이와 함께 눈을 쓸며 시나브로 다가오고 있다. 할아버지가 내 옆을 지나치며 장갑 낀 손으로 머리를 헝클고 지나갔다. 할아버지처럼 나도 내일 아침에는 꼭 눈을 쓸어야지, 다짐했는데 그날 밤은 눈이 오지 않았다.

그날 이후에도 눈이 내리는 밤이면, 나는 여전히 늦잠을 잤기 때문에 눈을 한 번도 쓸지 못했다. 눈 오는 밤마다 엄마가 나 몰래 두꺼운 목화솜 이불을 덮어 주는 바람에 늦잠을 자게 되는 거라고, 따질 수도 있었지만 참았다. 사나이는 참아야 한다기에.

어젯밤에도 또 눈이 내렸고 어김없이 나는 또 늦잠을 잤다. 부끄럽고 미안한 마음에 어머니가 막 구어 낸 군고구마 한 알을 몰래 들고 밖으로 나갔다. 그런데 오늘은 할아버지가 늦잠을 잤나? 보이지 않는다. 군고구마를 엉거주춤 들고

서 있는데, 할아버지네 누렁이가 폴짝, 뛰어올라 군고구마를 낚아채 달아났다.

누렁이를 쫓다가 눈 속에서 넘어지고 미끄러지고 뒹굴다가 그만 지쳐 포기했다. 두어 발짝 앞에서 누렁이가 혀를 빼물고 꼬리를 살랑거리며 웃고 있다. 할아버지의 인자한 미소를 배운 게 틀림없다.

그날 아침 나는 등교시각에 늦었다고 선생님께 꿀밤을 다섯 개나 먹었다. 꿀밤 한 개마다 누렁이 꼬리처럼 선생님의 말꼬리가 살랑거렸다.

꿀밤 한 개에 "너는 언제 공부할래? 바람 분다고 않고~"

꿀밤 두 개에 "너는 언제 공부할래? 비 온다고 않고~~"

꿀밤 세 개에 "너는 언제 공부할래? 구름 낀다고 않고~~~"

꿀밤 네 개에 "너는 언제 공부할래? 눈 온다고 않고~~~~"

꿀밤 다섯 개에 "너는 언제 공부할래? 이제는 학교까지 늦어~~~~~"

창밖에 송이송이 하얀 송이 눈이 내리고 있다. 누렁이가 하얀 운동장에서 커겅~컹, 소리를 내지르며 눈 몰이를 하고 있다. 오늘은 공부를 하지 않아도 좋을 것 같다. 눈 오는 날의 꿀밤 한 개 값을 이미 지불했으므로. 그런데 왜, 나의 눈가에 눈물이 고이는 걸까? 꿀밤 다섯 개에 눈물까지 보태는 것은 너무 억울하지 않은가…….

이제 내 나이 오십 더하기 셋. 할아버지도 누렁이도 꿀밤 다섯 개의 선생님도 더 이상 없다. 그리고 그때의 나마저도 없는 오늘, 적막강산의 구도 아래 또 눈이 내린다. 나는 새삼, 그 시절 어린것의 눈가에 흘렀던 눈물의 의미를 되새김한다. 갈 수 없는 먼 나라, 어린 영혼의 눈물이 다시 영롱한 보석처럼 그렁그렁 내 가슴에 맺힌다.

3부

더불어, 착한 세상

‘다름’을 위한 변주變奏

세상에 같은 것은 없나 봅니다. 아무리 주변을 살펴보아도 같은 것이라고는 도무지 눈에 띄지 않습니다. 지금 내가 걷고 있는 이 길도 이 세상 어디에도 없는 유일한 길입니다. 길 자체로도 어제와 같은 길이 아닙니다. 어젯밤 내린 소낙비가 길 위에 웅덩이를 만들었습니다. 오늘은 그곳에 작은 날것들이 생명을 띄우고 있습니다. ‘이생망’(‘이번 생은 망했다’의 준말)이라고 생각하는 어떤 젊은이의 술 취한 절망이 길옆의 울타리를 무너뜨렸을지도 모르겠습니다. 소나무 숲 아래 구절초 향기도 이제 코끝에 닿지 않습니다. 코스모스가 흔들리던 강기슭의 공터에는 크고 작은 바위들이 공룡의 발자국에 짓밟힌 것처럼 일그러진 흙빛 얼굴을 드러내고 있습니다.

단풍이 한창인 가을 산도 그렇습니다. 겉보기에는 예년과 다를 바 없지만, 닿는 걸음마다 전혀 새로운 모습으로 다가옵니다. 작년 이맘때 바위틈에서 만났던 많은 꽃들은 사라지고 열매도 껍질만 수북하게 남기고 자취를 감추었습니다. 작년에는 보지 못했던 가냘픈 분홍빛 산오이풀만이 저무는 가을 감당하며 허전한 내 시선을 받쳐주고 있습니다. 단풍도 예년의 단풍이 아닙니다. 더 멍들고 더 병들었습니다. 색색이 고운 단풍의 뒷면은 벌레 먹은 자국이 선명합니다. 그 틈새로 들여다보는 가을 하늘이 아름답다고 말하지 못하는 나도 나의 육체도 더 멍들고 더 병든 탓일까요? 내려오는 길에 무릎 걱정을 하게 되었으니 말입니다.

산 이야기를 하다 보니 고등학교 때 한 자락 방황의 기억이 가슴을 먹먹하게 합니다. 무작정 떠났던 그때의 어느 가을 산. 짐승처럼 웅크린 바위에 배낭을 멘 채 드러누워 바라보는 밤하늘에는 온유하고 은은한 별들이 잔치 마당을 펼치고 있었습니다. 어두운 밤의 무게가 가슴을 무겁게 짓눌렀지만, 코끝을 스치는 흐뭇한 별빛이 이내 그 압박을 풀어 주었습니다. 북두칠성, 오리온자리, 이름을 알 수 없는 수많은 뭇별들이 내 망막을 가득 채웠습니다. 두런두런 속삭이는 온갖 소리를 들으며 나는 눈을 감았습니다. 숲과 바람과 산짐승들이 주고받는 대화가 더없이 편안했습니다. 나는 그때 끝없는 욕망과 좌절과 갈등으로 피 흘리는 한 마리 어린 짐승이었습니다. 보채는 어린 생명을 달래고 어르는 그들의 따뜻한 위로가 없었다면, 나는 다시 세상으로 돌아오지 못했을 것입니다.

이야기가 잠깐 다른 곳으로 흘렀지만, 아무튼 낡은 청바지와 검은 모자를 눌러쓴 그 청년 역시 '지금의 나'와는 '다른 나'입니다. 이제 그 젊은이에 대한 추억은 마음속 깊은 곳이나 먼 기억의 회로에서 가끔씩 낮고 희미한 불꽃을 일으킬 따름입니다. 하지만 '젊은 나'와 대화를 나누는 일은 나쁘지 않습니다. 안쓰러운 어제의 내 인생을 껴안고 다독이며 오늘을 살고 내일을 생각합니다. 우리('젊은 나'와 '지금의 나')는 때로 서로의 상처를 닦고 희망을 이야기합니다. 판도라 상자의 마지막 그것처럼 헛된 희망이라도 좋습니다. 대화를 나누는 것 자체가 또 다른 희망이기 때문입니다.

이렇게 이야기를 늘어놓다 보니 다르지 않은 것이 얼마나 어색하고 부자연스러운 것인지 알 것 같습니다. 연필 한 자루가 늘 새것인 채로 여기에 있습니다. 깎지 않아서 참 편리하겠지만 닳지 않은 그 속에서 나오는 언어들은 얼마나 삭막할지. 순환하지 않는 지겨운 계절을 앞에 두고 어제와 같은 길을 매번 걸어서 인생의 끝에 도달하는 삶은 또 얼마나 공허할지 끔찍합니다. 그래서 조금은 엉뚱한 추론일지 모르겠으나 어제의 길과 오늘의 길이 다르듯이, 사계절이 모두 다르듯이, '젊은 나'와 '지금의 나'가 다르듯이 모든 사물과 생명은 다를 수밖에 없다는 지극히 평범하고 당연한 결론을 다시 한번 확인하게 됩니다.

그런데 우리는 나와 다르다는 것을 인정하는 데 매우 인색합니다. 다르다는 이유만으로 배척하고 차별합니다. 다른 누구를 이기기 위해 온갖 수단과 좋지 않은 방법을 동원하기까지 합니다. 급기야는 스스로의 과거마저 부정하고 정체성을 잃은 채 불행하게 살아가는 사람도 많습니다.

얼마 전 우연한 기회에 인터넷에서 〈옥상밭 고추는 왜〉라는 연극을 보았습니다. 이 연극은 서울 변두리의 서민 연립주택에서 벌어지는 이야기입니다. 극중의 '304호 광자'는 허름한 연립주택 옥상에서 고추를 키우고 있습니다. 정성이 가득한 그 고추를 이웃들과 나누어 먹기도 합니다. 그런데 '201호 현자'가 그 고추를 몽땅 따가면서 사달이 납니다. 항의하는 광자에게 현자가 '혼자 사는 년'이라는 욕설을 퍼붓고, 이에 충격을 받은 광자는 쓰러져 일어나지 못합니다. 그 후 연립주택에 사는 모든 이들이 저마다의 입장과 태도를 적나라하게 드러내며 연극은 정점에 다다릅니다. 어떤 이는 탐욕스러운 현자에게 분노하고, 어떤 이는 시끄러운 현실에서 아예 등을 돌려버리기도 합니다. 또 절충과 화해를 시도하면서 '좋은 사람'이기를 자처하는 이도 있습니다.

삶이란 이 연극처럼 복잡다단하고 구차합니다. 공통점이라고는 전혀 발견할 수 없는 다양한 군상들이 서로 충돌하고 갈등하고 때로는 화합하며 사는 것이 우리네 삶의 진면목입니다. 너와 나의 서로 다른 이야기가 얽히고설키는 가운데 우리의 이야기가 탄생합니다. 하나의 이야기가 아니라 서로 다른 이야기가 모이는 곳이 삶이라는 공간입니다.

하지만 우리는 사람들의 생각을 한데 모으고 일치된 행동을 요구하는 데 익숙해져 있습니다. 그래야만 자신과 자신이 속한 집단에 이익이 된다고 생각하기 때문입니다. 그러나 불행하게도 그런 집단은 개인의 가치나 존엄을 제대로 반영하지 못합니다. 하나의 주장과 논리로 획일화된 집단은 강자에 의해 지배되기 십상이며, 조직의 이익과 목표라는 미명 아래 소수자와 약자는 선택의 기회를 잃어버리고 소외되기 마련입니다. 그래서 공자님은 '화이부동和而不同'해야 한다고 말씀하셨습니다. 같은 듯하지만 다른 태도를 유지할 때만이 건강하고 활력이 넘치는 삶과 사회를 만들 수 있다는 것입니다.

들판이 풍요로운 것은 다양한 꽃과 향기가 있기 때문입니다. 강물이 썩지 않는 것은 물을 가두지 않기 때문입니다. 산이 아름다운 것은 온갖 새들이 거기에 깃들어 살기 때문입니다. 하늘은 새들에게 길을 열어 줄 뿐 새들의 깃털 하나 훔치지 않는다고 합니다. 나와 우리의 삶도 그래야 합니다. 각자의 삶을 견뎌 내는 '낱낱의 인간들'에 대한 이야기는 그래서 소중합니다.

산을 내려오며 '젊은 나'와 '어제의 나'를 생각합니다. 그리고 어제와 다른 모습으로 다가올 '내일의 나'를 위해 간절하게 기도합니다. 희미해지는 어둠 속으로 붉게 번지는 노을이 뜨거웠던 나의 하루를 눈물겹게 적시고 있습니다.

붓다의 옆구리

4월과 5월은 봄의 절정기이다. 말 그대로 경쟁하듯 꽃들이 다투어 피는 계절이다. 매화와 동백이 물든 자리에 산수유와 개나리, 벚꽃들이 세 들어 살다가 어느새 안방을 차지하고 한바탕 꽃 잔치에 열중하고 있다. 이제 곧 이화우 흩날리겠다. 울 밑의 장미도 붉은 속내를 더 이상 감추고만 있지 않을 것이다. 5월이 그들을 애타게 기다리고 있을 테니.

그런데 올해의 4월과 5월은 '다투어 피는 것'이 꽃만이 아니다. 이른바 '장미 대선'. 탄핵 정국이 마무리되면서 대한민국은 대통령선거 국면으로 빠르게 전환되고 있다. 후보자들 간의 피 터지는 경쟁이 5월이 오기도 전에 장미꽃보다 더 붉게 타오르고 있다. 보수의 전략적 지지를 받고 있는 후보와 진보의 전폭적 지지를 받고 있는 후보 사이의 불꽃 튀는 이념 논쟁이 바로 그것.

이런 극단적인 좌우 이념 논쟁에 대한 반작용일까. 최근 '중도주의'에 대한 관심이 새롭게 부각되고 있다. '중도주의'란

우파나 좌파 어느 쪽에도 치우치지 않고 중립적 정책을 실시하자는 이념인데, 의미와는 달리 현실 정치에서 중도는 '회색지대'나 '기회주의'로 매도되기 일쑤이다.

두루뭉술한 그 느낌 때문일까. 중도는 우리에게 달갑지 않은 존재다. 어쩌면 화끈한 우리 민족의 기질에 맞지 않을지도 모른다. 편 가르기에 익숙했던 역사적 학습도 한몫했을 터다. 보다 근본적인 원인은 뒤틀린 근현대사가 중립적 태도를 결코 용인할 수 없게 했다. 일제 침략에 맞선 독립투사, 군부 독재에 온몸을 던져 저항한 민주 세력, 그들에게 중도는 적과 다름없는 증오의 대상이었으며 이른바 '사쿠라'였다.

하지만 중도라는 완충지대가 사라지면 대립과 분열이 난무하고 통합과 협치의 정신은 들어설 자리를 잃고 만다. 이 같은 상태로는 좌우 양측이 주장하는 복지와 경제성장 등을 모두 실현할 수 없다. 오히려 빈부격차와 차별은 더욱 확대되고 사회적 갈등은 심화될 것이다. 결국 이런 극단의 부작용을 해결하기 위해서는 '중도주의'를 우리 사회의 주류 이념으로 끌어안을 수밖에 다른 대안은 없다.

붓다의 탄생에 얽힌 일화가 있다. 붓다는 옆구리 출생이다. 왕비 마야는 붓다를 옆구리로 낳았다고 한다. 실제로 마야가 붓다를 옆구리로 낳았을 리는 없고 어떤 상징적 의미가 있으리라. 불가의 몇몇 선승은 이를 두고 "옆구리 출생은 '중도'를 뜻한다"라고 말했다고 한다. 물론 이 말을 통속적으로 해석하면 옆구리가 위도 아래도 아닌 중간쯤에 위치해 있다는 사실을 근거로 들겠지만, 아기 붓다의 옆구리 출생이 왜 중도를 뜻하는지 그 진정한 의미가 궁금하지 않을 수 없다.

사람들은 어머니의 자궁을 통해 아래로 태어난다. 위에서 아래로 내려오는 출생이다. 아버지의 기질이 그 자식으로 이어진다는 뜻이다. 과학에서는 이를 '유전'이라 부르고, 불교에서는 '윤회'라 부른다. 그런데 붓다가 옆구리를 뚫고 나왔다면 옆구리 이전의 존재는 누구였을까? 보통사람에 해당되는 아버지가 아니다. 붓다가 뚫고 나온 옆구리 이전의 존재는 '공'이다. 붓다는 '공'에서 옆구리를 뚫고 나온 '색'이다. 그래서 '색'의 본질은 '공'이다. 색즉시공, 공즉시색. 그것이 바로 중도를 관통하는 본래적 의미란다.

현실의 중도 정치도 '붓다의 옆구리'처럼 파격적이고 혁명적이어야 성공할 수 있다. 좌나 우를 어슬렁거리다 될 만한 곳에 줄을 서거나 자신의 이익을 위해 특정 정파에 기대는 행위는 중도의 본질과는 거리가 먼 '짝퉁 중도'이다. 중도는 붓다의 공처럼 전혀 새로운 출발이어야 한다. 중도의 겉모습(색)이 좌일 수도 우일 수도 있으나 중요한 것은 그 겉모습이 아니다. 진정한 중도는 본래의 중도 정신(공)을 충실히 담고 있어야 하고 변질되어서도 안 된다. 본래의 중도 정신이 국민 대다수의 희망과 행복을 의미한다는 것은 두말할 필요도 없겠다.

이제 회색지대나 기회주의쯤으로 오해받는 낡은 중도에서 벗어나 창조적이고 혁명적인 중도를 말해야 한다. 붓다뿐만이 아니라 우리 모두는 옆구리를 뚫고 나온 존재이다. 다만 '나 이전의 나'를 망각했을 뿐이다. 이제 초심으로 돌아가 '좌와 우 이전'의 본래 가치에 충실한 중도를 되찾을 때다. 그리하여 5월 9일 새로운 대한민국을 세우고 그 나라의 떳떳한 국민이 되어야 한다.

색과 조화

부처님 오신 날을 앞두고 시내 곳곳에 조형물이 설치되고, 오색 연등이 거리를 화려하게 수놓고 있다. 색들의 잔치에 눈이 즐겁고 마음이 들뜬다. 이런 기분이 기쁨이고 희망의 감정이라면 부처님이 오신 뜻도 그와 별반 다르지 않겠다는 오만한 생각을 하면서 색이 주는 오묘함에 눈이 쏠린다.

초록 노랑 빨강 파랑 분홍색의 연등이 줄을 지어 도열한 풍경이 부드럽게 눈에 안긴다. 자기만의 색깔을 잃지 않으면서도 다른 색과 어울리는 풍경이 멋지게 펼쳐지고 있다. 거기에는 어떤 기교도 연출도 없다. 서로 만나서 마주한 것뿐이다. 섞이지 않아서 오히려 아름답다. 색깔들이 서로 교차하는 지점에서 또 다른 색감이 은은한 아우라를 빚어내고 있다. 이른바 경계에서 피는 꽃인 셈이다. 경계는 배척하는 장소가 아니라, 타자와 만나고 교류하는 장소라는 것을 오색 연등이 웅변하고 있는 듯하다.

이러한 현상은 오색 연등에만 있는 것이 아니다. 한국 여인들의 색동옷은 연등보다 더 심오한 뜻이 숨어 있다. 색동옷은 노랑을 중심으로 한 청룡백호青龍白虎와 주작현무朱雀玄武의 방위색에서 유래한다. 전설은 물론, 고분벽화나 고찰을 장식한 갖가지 색으로 미루어 볼 때, 한국인은 예로부터 색채를 깊이 숭상해 왔음을 능히 짐작할 수 있다. 한국인을 말할 때 으레 흰색이 강조되지만, 색동옷으로 대변되는 한국 여인의 색에는 보다 깊은 인류의 파노라마가 숨 쉬고 있다. 흰옷에 유교적이고 정신적인 엄격함이 있다면, 색동옷은 도교적 불교적 또는 샤머니즘적 정감이 넘치는 환상성이 농후하다. 따라서 흰옷이 한국인에게 생활인으로서의 검소한 일상복이라면, 색동옷은 멋과 풍류를 즐기는 예술인으로서의 차림복을 상징한다.

전통적으로 한국인에게 있어서 색의 미적 표현 방식은 다른 색과의 관계에 있다. 본래의 색을 온전하게 유지하면서 다른 색과의 선한 관계 속에서 조화를 모색하는 데 주안점을 둔다. 나를 지키면서 다른 사람을 배척하지 않는 인간존중의 사고가 색동옷으로 대표되는 한국인의 색에 그대로 반영되어 있다고 해도 크게 틀리지 않는다.

벚꽃이 흐드러지더니 철쭉꽃이 피고, 이제는 붉은 장미가 울타리를 넘어오고 있다. 꽃들의 잔치가 흥겨운 것은 모두가 제각각 즐겁기 때문이며, 그 가운데 다양하고 조화로운 화음이 생성되기 때문이다. 내가 즐겁기 위해 타인을 희생시키거나, 타인을 위해 나를 희생해서도 안 된다. 진정한 관계는 서로의 존재를 존중하면서 상대를 배려하는 것이다. 너와 나의 경계를 인정하되, 서로 얼굴을 마주하고 기쁨과 고통을 함께 나누는 것이다. (인간관계에서 있을 수도 없는 일이지만)융합이나 화학적 결합은 서로의 존재가치를 포기하는 것과 다름없다. 융합이나 화학적 결합에 기반을 둔 조화가 아니라, 개성에 기반을 둔 조화여야 한다. 좌와 우가 있는 조화, 진보와 보수가 있는 조화, 너와 내가 있는 우리여야 한다. 오색 연등과 한국 여성의 색동옷이 아름다운 것은 색 간의 선명한 대비가 있기 때문이고, 색 간의 교류와 섞임이 빚어내는 따뜻하고 멋진 아우라가 있기 때문이다. 거기에 부처님 오신 날의 뜻이 숨어 있지 않을까 싶다.

생명의 나무

서울 한복판에서 가슴이 뜨거워진 적이 있다. 처음으로 광화문 광장에 갔을 때 경복궁 쪽을 바라보면서 그랬다. 궁궐을 감싸고 있는 북악산과 인왕산의 유연하고 풍만한 산자락이 자꾸 나의 시선을 끌었던 탓일까? 그게 아니었다. 둔중하고 매끈하게 드러난 바위 주변에서 뒤틀리고 구부러진 채로 자라고 있는 소나무가 나의 눈물샘을 자극한 것이다.

소나무는 우리에게 지나칠 만큼 보편적인 피사체이다. 언제 어느 곳에서나 쉽게 눈에 띈다. 5월이면 도심의 아파트 유리창에 먼지처럼 노랗게 내려앉은 것도 실은 황사가 아니라 송홧가루다. 비 온 뒤에는 그 흔적이 더 생생하다. 아파트와 상가의 골목은 물론이고 아스팔트 길 위까지 빗물이 고이거나 흐른 곳이면 예외 없이 갖가지 형태의 아름다운 송홧가루 문양을 발견할 수 있다. 실제로 내가 사는 아파트의 나지막한 뒷산도 대부분의 수종이 소나무이다. 도심이나 농촌, 멀고 가까운 곳을 가리지 않고 우리 곁에는 늘 소나무가 있었던 셈이다. 때문에 우리에게 소나무는 특별한 존재가 아니다. 늘 마주치는 사람에게 별다른 감흥이 일어나지 않듯이 말이다.

하지만 우리가 순간순간 숨을 내쉬면서도 공기의 소중함을 잊고 사는 것처럼 소나무도 우리에게 없어서는 안 될 소중한 존재이다. 부지불식간에 우리의 삶이 되었고 우리의 삶을 닮아 갔다. 우리 민족이 통과해 온 오랜 고난의 역사가 그랬듯이 소나무도 반도의 모진 환경 속에서 몸부림쳤다. 척박한 토양과 거친 비바람에 시달리고 사계절의 급격한 기후변화에 적응해야 했다. 그래서 한국의 소나무는 대체로 왜소하고 구부러지고 뒤틀릴 수밖에 없는 운명에 처했다. 곧고 높고 큰 다른 나라의 소나무와 비교되는 우리나라 소나무만의 유별난 특징이다. 아리랑이 우리 민족의 한을 노래한 '무형유산'이라면, 소나무는 우리 민족의 한이 깊게 뿌리 내린 '유형유산'이라고 해도 틀린 말이 아니다.

어릴 적 내게도 잊히지 않는 늙은 소나무 한 그루가 있었다. 사람들은 사시사철 동네 어귀에 장승처럼 서 있는 그 늙은 소나무를 가리켜 동네를 지키는 수호신이라고 했다. 제법 큰 바위틈에 굵고 단단한 뿌리를 내리고 있었지만 몸체는 빈약했다. 심하게 굽고 뒤틀린 데다가 몸통 곳곳에 옹이가 파였고 가지마저 풍성하지 못해 마치 쇠잔한 노인을 연상하게 했다. 하지만 나에게 그 소나무는 둘도 없는 벗이자 동반자였다. 바로 그 늙은 소나무에서 내 기다림이 태어나고 자랐기 때문이다.

유년의 어머니는 생선 장수였다. 어머니는 생선이 가득 담긴 큰 함지박을 머리에 이고 이 동네 저 동네를 떠돌며 생선을 팔아 생계를 유지했다. 적어도 내가 초등학교 3학년 때까지 어머니는 여전히 생선 장수였고, 해 질 무렵이면 늘 소나무 아래에서 어머니를 기다리는 일이 어린 나의 일상이었다.

늙은 소나무를 처음 알았던 날을 기억한다. 그날도 찐 고구마 한쪽으로 허기를 달래며 흐린 호롱불 밑에서 어머니를 기다리고 있었다. 밖에는 추적추적 비가 내리는데 이슥하도록 어머니의 발자국 소리는 들리지 않았다. 깜박 졸았을까. 문살에 얼비치는 그림자가 보였다. 문을 열어젖히며 반갑게 어머니를 불렀지만, 아니었다. 어슴푸레한 달빛 아래 빗물에 젖은 감나무가 나를 업고 있는 어머니의 쓸쓸한 뒷모습을 닮아 있었다. 놀랍고 무서운 마음에 집을 뛰쳐나온 나는, 동구 밖을 향해 달렸다. 그러다가, 저만치····· 정말, 어머니가 보였다. "엄마!" 하지만 그마저 아니었다. 늙은 소나무가 어둠 속에서 어머니를 대신하여 함지박을 이고 우두커니 서 있었을 뿐.

그날 이후 나는 날마다 늙은 소나무를 찾아갔다. 어머니를 기다리기 위해 소나무를 만났고, 소나무를 만나기 위해 어머니를 기다렸다. 소나무는 언제나 어머니의 부재를 채우고 외로움을 덜어주는 너그럽고 아늑한 품이었다. 그 품속에서 내 기다림이, 기다림에 지친 그리움이 움트고 자랐다. 소나무 아래 내가 머물렀던 자리는 기쁨으로 충만했고 때로 슬픔으로 얼룩졌다. 온갖 꽃들의 향기로 물들었고, 가슴 벅찬 하늘이 펼쳐졌다. 늦가을 억새밭의 노을빛 미소가 출렁이고, 달빛 자지러진 보랏빛 설국이 흐느껴 울었다. 나도 모르게 나를 앓고 가는 사계절의 순환 속에서 나와 내 꿈이 더불어 성장했다. 모두 늙은 소나무가 나에게 준 선물이었다. 나의 문학은 아직도 그 늙은 소나무의 기억 속에서 자라고 있다.

이처럼 소나무가 나를 키우고 지켜 낸 특별하고 소중한 존재였듯이 소나무는 반만년 역사 이래 우리 민족과 고난을 함께해 온 '생명의 나무'이기도 하다.

흔히들 알고 있는 성경 이야기가 있다. 에덴동산에는 두 그루 나무가 있었다고 한다. 하나는 '생명의 나무'이고 또 하나는 '선악의 나무'이다. 그런데 실은 두 나무는 한 묶음이라고 한다. 나무로 의자와 책상을 만든다고 생각해보자. 여기서 나무라는 속성은 '생명의 나무'이고 의자와 책상은 '선악의 나무'에 해당한다. 곧 '생명의 나무'는 본질이고 '선악의 나무'는 현상이라는 말이다. 따라서 나무는 의자나 책상이 되었다가도 다시 나무로 돌아가야 한단다. 그러니 나무의 본질을 거부하거나 망각하고 의자인 채로 책상인 채로 살아가는 것은 죄를 짓는 일(선악과를 따먹는 일)에 해당한다고 할 것이다.

개인의 삶은 물론 국가나 민족도 본질을 망각할 때 불행이 시작된다. 우리 민족에게 소나무가 '생명의 나무'라면 소나무의 본질과 속성을 잊지 말아야 한다는 뜻이다. 소나무의 강인함과 꺾이지 않는 불굴의 의지, 사철 변함없는 신뢰의 정신을 한데 모아 통합과 상생의 길로 나가야 한다. 그 길만이 대한민국의 미래를 밝힌다. 분열과 갈등을 조장하는 것은 에덴동산의 '선악과를 따먹는 일'과 다르지 않다. 우리 모두 뜨거운 마음으로 북한산과 인왕산의 척박한 바위틈에서 자라고 있는 소나무의 정신을 다시 한번 되새겼으면 하는 바람이 크다.

일상의 꽃, 장미

5월 21일은 부부의 날이다. 숫자 21은 둘이 하나 된다는 의미이다. 매월마다 21은 있지만 5월이 가정의 달이라는 점에서 5월 21일을 특별히 부부의 날로 삼았음을 미루어 짐작할 수 있다.

생면부지의 남남으로 만나 평생을 해로하는 일은 말처럼 쉽지 않다. 서로 사랑해서 만났다고 한들 좋은 일만 있는 게 아니다. 오히려 기쁜 일보다 슬프고 고통스러운 일이 더 많다. 부모 때문에 갈등하고 자식 때문에 속 썩는 일이 다반사다. 넉넉하지 못한 살림살이 때문에 빚어지는 온갖 문제들은 일일이 나열하기조차 벅차다. 서로 이해하고 배려하려고 내심 힘쓰지만 때로는 참기 힘들다. 눈을 흘기고 마음에 없는 험악한 말이 오간다. 자신을 이해하지 못하는 남편이, 아내가 야속하기만 하다. 한없이 작아지고 초라해진 자신이 부끄럽다. 억울하다. 하루하루 삶에 목을 맨 일상이 비루하기까지 하다.

그러나 밉기만 할까. 더듬어 생각해 보면 기쁜 일도 드물지 않았다. 서로를 바라보는 안쓰러운 눈길이 큰 위로가 되고 힘이 된다. 사과 한 쪽 예쁘게 깎아 건네는 아내의 작은 정성에 배춧잎처럼 시든 저녁도 감미로워진다. 어젯밤에 무너진 구두 뒤축을 다시 세우고 오늘도 변함없이 출근하는 남편의 뒷모습에서 은혜로운 사랑을 다시 한번 확인한다. 그래, 기댈 데라고는 저 어깨밖에 없지. 울컥, 가슴이 뜨겁다. 어느 시인의 말처럼 "이 무슨 웬수인가 싶을 때도 있지만" 이 세상 어디에도 이런 남자, 이런 여자는 없다. 참 좋은 서로의 당신이 아닐 수 없다.

부부의 날은 일상에 매몰된 부부간의 사랑을 다시 확인하는 날이다. 그래서 부부의 날을 상징하는 꽃이 장미이다. 서로에게 붉은 장미 한 송이를 건넴으로써 변함없는 사랑과 존경을 약속한다. 그동안의 힘겹고 고된 삶을 따뜻하게 위로하고 격려한다. 지난 삶을 성찰하고 좀 더 나은 미래를 위해 마음을 추스르고 각오를 새롭게 다진다. 나쁘지 않다. 1년에 한 번쯤 사랑을 자축하며 매듭짓는 일은 도약의 디딤돌이 될 수 있기에 더욱 그렇다.

하지만 평상시에 못 했으니 오늘 하루라도 잘해줘야 한다는 보상심리나, 1년을 담보로 잡는 하루만의 특별한 이벤트는 바람직하지 않다. 오히려 사랑을 해치고 삶을 멍들게 하는 기폭제가 되기 쉽다. 한때를 화려하게 수놓는 장미꽃일지라도 꽃이 지고 나면 존재조차 잊히고 마는 그런 부부관계는 온전할 수 없기 때문이다.

그런데 우리가 부부의 날의 상징 꽃인 장미에 대해 모르는 게 있다. 장미를 그저 화려하고 아름다운 열정의 꽃으로 생각하기 쉽다. 하지만 그것만이 전부는 아니다. 나비와 벌이 향기와 꿀을 좇아 장미꽃에 모여드는 시기는 한때에 불과하다. 꽃이 지면 열락으로 들뜬 축제도 끝나지만 장미의 생애마저 끝나는 것이 아니다. 축제가 끝난 자리에 장미의 일상이 시작된다. 장미는 찬바람과 무서리를 견디며 한 알의 열매를 맺는다. '로즈힙rosehip'이라고 하는데, 장미는 이 열매를 맺기 위해 화려한 꽃 속에 씨방을 숨기고 키운다. 꽃이 진 뒤에도 변덕

스러운 날씨로부터 열매를 보호하는 일을 그만둘 수 없다. 생명을 영속시킬 수 있는 튼튼하고 완전한 씨앗을 남기기 위해서이다.

로즈힙은 그런 지난한 일상을 잘 견딘 탓에 온갖 영양소가 가득하다고 한다. 영국의 왕세자비가 젊음을 유지하는 비결이 로즈힙 오일이라고 밝힌 바 있고, 2차대전 당시 전쟁에 참전한 군인들에게 비타민 대체재로 로즈힙이 지급되었다는 일화도 있다. 이처럼 로즈힙은 관심 있는 소수의 사람들을 제외하고는 그 존재 자체가 잘 알려지지 않은 일상 속에 숨겨진 보물 같은 존재이다.

부부 관계도 이와 다르지 않다. 신혼 같은 단꿈에 늘 젖어 살 수는 없다. 일상은 잔치도 아니고 여행도 아니다. 일상은 쫀쫀하고 할 일로 가득하다. 분주하지 않아도 무슨 일인가에 항상 붙들려 있기 마련이다.

나의 시 「사랑을 위한 변명」처럼 부부의 일상은 “가슴 졸이는 사랑의 노래”도 “마음 울리는 사랑의 찬가”도 아니다. “사랑은 더 이상 달콤하지 않다/ 두근거리지도/ 속삭이지도/ 향기롭지도 않다.” 일상 속에서 사랑은 쉽게 모습을 드러내지 않는다. “밥이 사랑이고/ 일이 사랑이고/ 삶이 사랑이기” 때문이다. “매번 두근거리는 사랑으로는/ 제대로 된 밥도/ 제대로 된 삶도 얻을 수 없다"는 것을 깨닫지 않으면 부부관계는 한시도 유지하기 어렵다.

그렇지만 이처럼 시시하고 지겹고 고된 일상이 우리의 삶 속에 로즈힙을 키운다. 우리가 느끼지 못하는 가운데 작지만 빛나는 보물들이 일상의 나무에 가득 열리고 결실을 맺는다. 마라토너의 승리와 환희는 42.195km라는 일상의 트랙을 완주해야 가능하다. 김연아의 아름다운 연기는 일상 속에서 반복한 땀과 노력의 결과물이다. 그래서 일상을 소홀히 하는 부부는 완전한 사랑을 얻을 수 없다. 가족도 온전하게 지켜내기 어렵다. 당연히 그들이 구성하는 사회도 행복할 수 없을 것이다. 진정한 사랑은 구걸하고 확인하는 게 아니다. "어느 곳에서도 찾을 수 없으나/ 어느 곳에서나 넘치"는 것이 진정한 사랑이다. "넘치는 줄 모르면서/ 넘치는 사랑으로" 사는 것이 행복한 부부 관계다. 부부의 날 아내에게, 남편에게 한 송이 붉은 장미를 바치는 것보다, 보이지 않는 곳에서 자라는 소중한 로즈힙을 위해 하루하루 서로에게 정성을 다하는 삶이 더 중요하다.

이래도 되는가?

무기력한 하루가 지나가고 있다. 하늘도 진종일 비만 뿌렸다. 산 중턱까지 내려온 안개 탓에 풍경은 사라지고 사위는 온통 답답한 회색빛으로 가득하다. 수은주가 한 자릿수 밑으로 허리를 꺾었다. 나도 고개를 꺾고 젖은 발끝을 바라보며 퇴근한다. 열기가 빠져나간 몸은 서늘하다. 을씨년스러운 그림자 하나가 발자국을 질척거리며 따라오고 있다. 한계다. 나는 지금 내 그림자에서 벗어날 수 없는 가여운 존재인 것이다.

나는 오늘도 "아무 일 없이 하루가 가고/ 아무도 날 찾지 않고/ 아무도 나를 따르지 않"는 무미건조하고 공허한 일상의 빈 잔에 막걸리를 부으며 "싼 술 몇 잔의/ 주정"에 기대 취기를 완성해 간다. 가슴에 어느 정도 열기가 오르면, 나는 내 안의 모든 무기력한 나를 꺼내 난도질하며 저항한다. 하지만 늘 그랬던 것처럼, 나는 또 날카롭게 벼려진 칼날 위의 세상에서 한 발 물러나 부끄러움과 슬픔으로 얼버무린 페이소스의 끝에 닿는다. 그렇게 되고 만다.

텔레비전이 떠들고 있다. 그들은 어떤 취기에 기대 세상을 향해 주정하고 있는 것일까? 우리는 국가를 잃었단다. '임을 위한 행진곡' 중단으로 5월 정신을 빼앗겼다고 주먹을 불끈 쥔다. 건국절 논란은 뿌리 없는 국가 만들기의 시도였고, 공공의 이익을 위해 일하는 공무원들을 민간인 사찰과 댓글 공작이라는 사적 이익에 동원함으로써 공권력을 무너뜨렸다고 항변한다. 미국산 쇠고기 반대 운동을 펼쳤던 시민들은 생명권을 박탈당했다고 목소리를 높인다. 공영방송 시스템을 흔들고 수많은 언론인을 해고하고 마스크 금지법, 댓글 처벌법으로 표현의 자유를 말살했다며 입에 거품을 물었다. 균형 발전의 싹을 잘라 분권을 향해 순조롭게 나아가던 발걸음에 족쇄를 채웠다고도 한다. 이를 모두 뭉뚱그려 국민의 가치가 송두리째 짓밟힌 세월이었다고 결론을 짓는다. '천민자본주의'라고도 했다. '장사치 보수'라고도 했다. 부실 자원외교가 그렇고 4대강 사업이 그렇지 않으냐고. 그래서 우리는 적폐를 청산하지 않으면 안 된다고, 참으로 부끄럽고 아픈 계절이 지나가고 있다고······. 흐릿한 화면이 출렁거린다. 멀미가 날듯이 뱃속이 뒤틀리고 머릿속이 어지럽다.

이렇게나 많은 부조리가 좁디좁은 이 땅 안에서 우글거리고 있었는데, 내가 이토록 무사했다는 것은 기적에 가깝다. 그동안 나에게는 아무 일도 없었다. 조용했고 고요했고 적막했다. 이래도 되는가? 대체!

선순환도 악순환도 아닌 무의미한 순환의 헛바퀴 속에서 내 가치는 몰락하고 있다. 내 문학은 여전히 세기말 퇴폐적 염세주의에서 질척거리고 있다. 나는 그것을 세련된 미학주의나 리리시즘쯤으로 변명하려 하지만, 이는 현실을 도외시한 스노비즘에 불과하다. 나는 땅을 갈지 않고 씨를 뿌리지 않는 농부였다. 떨어지는 낙엽을 보며 사랑은 왜, 낮은 곳에 있는지를 읊조리지만, 막상 낮은 곳에 있는 사람들에게 한 끼 밥상이 되거나 따스한 이불 한 채 되어 주지 못했다. 문학계 주변을 기웃거리며 시답잖은 문학상에 욕심을 내거나, 말끝마다 김수영을 들먹거리며 - 의용군에 징집되거나 거제도 포로수용소에 수감되어 뼈를 깎는 고통 속에서 자유의 의미를 온몸으로 체득한 시인의 삶에 견줄 만큼의 어떤 역사적, 개인사적 경험도 없으면서 - 시는 머리로 쓰는 것이 아니라고, 심장으로 하는 것도 아니라고, 몸으로 하는 것이라고, 온몸으로 밀고 나가는 것이라고 열변을 토하는 꼴이라니.

아아! "나, 나는 이런 것이 아니다/ 사랑!/ 이런 것이 아니다/ 생활!/ 이런 것이 아니다/ 오늘!/ 이런 것이 아니다" 대체! 이래도 되는가?

갑자기 텔레비전 화면이 바뀌었다. 누군가 채널을 돌렸다. 사위는 조용하고 적막하다. 관심은 다시 내 안으로 전환된다. 내 안에는 나밖에 없다. 나는 '나를 중심으로 돌아가는 세상'에 익숙하다. 그래서 '천동설'이 지배하는 일상은 편안하다. 익숙하고 편안한 그 무엇은 바로 무기력을 뜻한다. 하지만 어제와 오늘과 내일이 구분되지 않는 일상성에 갇힌 이 무기력으로는 결코 '지동설'이라는 혁명적 열정을 키우지 못하리라. 무기력한 일상은 지체와 정체를 거듭하며 소멸로 나갈 수밖에 없다. 뿌리가 지탱해 주지 못하는 나무의 높이는 허무한 전망을 낳을 뿐이다. 비극적 열망이라도 좋다. 일상을 뒤집는 그 무엇을 찾아야 한다. 절망의 깊이를 더듬는 자만이 희망의 높이를 안다. 슬픔이 곧 기쁨의 지렛대가 된다. 바다는 넓어서 바다가 아니다. 깊어서 바다가 아니다. 몸부림치는 파도가 있어야 바다가 된다. 파도는 오늘도 바다의 막막함을 견디지 못해 몸부림치며 먼 바다로 나가는 것이다.

내가 파도칠 곳은 내 안에 있지 않다. 나를 벗어나야 비로소 먼 바다로 떠날 수 있다. 나를 버림으로써 나를 찾아야 한다. 나 아닌 무엇을 위해서, 보다 넓은 세상에 나의 작은 깃발을 세울 때만이 진정한 삶이 시작된다. 그것이 보잘것없는 나부낌일지라도 나 하나를 더하는 행동을 실천함으로써 세상에 힘을 보태야 한다. 그래야 세상이 바뀐다. 바뀐 세상에서만 내가 제대로 설 수 있다. 창의적 문장 하나가 서사의 물꼬를 튼다. 아름다운 합창을 위해 함성이 있는 곳에 내 목소리를 섞어야 한다. 횃불을 위해 촛불이 있는 곳에 내 작은 촛불의 밝기를 보태야 한다. 내가 사라진 곳에 더 큰 내가 있다.

더 이상 "언제나 이 모양으로" 무기력하게 반복되는 일상 속에 나를 가두지 말아야 한다. "어제 나는 막걸리로 주정했지만" 오늘은 "홍경래"를 꿈꾸며 탈 일상의 역사적 공간을 향해 온몸으로 온몸을 밀고 나가야 한다. 그래야 내가 바뀐다. 세상이 바로 선다.

* 글 속의 인용문은 신동문의 시 「'아니다'의 주정」과 「바둑과 홍경래」의 일부분

유쾌한 울음소리

영화를 자주 보는 편도 아닌데, 최근에 보았던 영화 제목이 생각나지 않는다. 제목 없는 영화는 없을 테니, 뒤따라오는 내용도 당연히 기억에 없다. 그런데 한 토막 '유쾌한 울음소리'만이 아직도 내 머릿속에 선명하게 남아있다.

10분 전쯤 영화관에 입장하여 자리에 앉아 있으면, 예고편 영화가 먼저 줄을 잇는다. 관객의 눈길을 끌기 위해 주요 장면만 추려내다 보니, 섬뜩한 폭력 장면이 이어지거나 음란한 몸짓이 화면을 가득 채우기 일쑤다. 그것도 부족해 광고가 한동안 고막을 후벼 판다. 그뿐이랴. 부산하게 오가는 발자국들이 오징어와 콜라, 팝콘 특유의 매캐한 냄새를 이곳저곳 실어 나른다. 때문에 적응될 때까지 한동안 숨 막히는 과정을 겪지 않으면 안 된다. 영화 한 편을 보기 위해 지불해야 할 비용이 티켓 값만은 아닌 것이다. 매번 다시 오지 않겠다는 각오를 다져 보지만, 여전히 다시 올 수밖에 없다는 것을 알고, 나는 조용히 눈을 감으며 그 시간을 견딘다. 그날도 그랬다.

응급 상황을 대비한 안내 방송이 끝나고 조명이 일제히 꺼졌다. 화면에는 잔잔한 음악이 흐르고 누군가의 시선이 먼바다를 바라보는 것처럼 망망하게 흔들리면서 영화가 시작되었다. 이제 사위는 쥐 죽은 듯 조용하다. 몇몇 사람들의 헛기침과 바스락거리는 소리가 잠깐씩 들리기는 했지만, 좀 전의 소란이 언제 있었냐는 듯 완전히 진지하고 엄숙한 분위기로 반전되었다.

그때였을까. 갑자기 어린아이의 울음소리가 장내를 흔들었다. 어둠 속의 모든 시선이 그쪽으로 향하는 느낌이 들면서, 울음소리와 함께 아이를 달래는 엄마의 애걸하듯 낮게 속삭이는 목소리가 들렸다. 잠시 잠잠해지는가 싶더니, 다시 울음소리와 칭얼거리는 소리가 이어지기를 두어 번. 장내의 엄숙주의가 반격을 가했다. 이런 데 어린아이를 데려오면 어떻게 하느냐, 교양이 없다, 빨리 나가라, 등 험한 말들과 보이지 않는 삿대질이 난무했다. 관객들의 아우성과 안내원의 성화를 견디지 못한 아이의 엄마가 쫓기듯 영화관 밖으로 나가면서 술렁이던 장내는 다시 가라앉고 원래의 엄숙한 모습으로 돌아왔다. 잠시 뒤에 코믹한 장면이 스크린 위에 떠오르면서 폭소와 박수 소리가 한 차례 지나갔고, 나는 어둠 속에서 수군거리며 키득거리는 커플들의 흐릿한 모습을 뒤로하고 매캐한 입 냄새가 가득한 영화관을 빠져나왔다.

영화관을 나오는 길에 화장실 옆에서 아이와 아이의 엄마를 다시 보았다. 엄마가 너 때문에 못 살아, 못 살아, 하며 아이에게 지청구를 한다. 아이의 눈에 그렁그렁 눈물이 맺히기는 했어도 이제 울음은 그친 상태다. 맑은 두 눈이 나를 바라본다. 지끈지끈 아프던 내 머리도 금세 맑아졌다.

그래, 숨 막히는 그곳은 네가 있을 자리가 아니지. 세상의 엄숙주의를 향한 너의 울음은 참 유쾌하구나. 원칙과 질서 속에 살아야 하는 나는 참 답답하단다. 한 번쯤 벽을 깨고 선을 넘고 싶다만, 나는 너만큼 용기가 없구나. 나는 쫓겨난 세상 밖에서 너처럼 해맑게 웃을 자신이 없으니.

나는 나도 모르게 아이의 머리를 쓰다듬었다. 아이는 맑은 눈빛으로 나를 바라보며 손을 흔든다. 그러고는 "왜 때려!" 하며 엄마를 향해, 아니 세상을 향해 힘껏, 유쾌한 한 방을 날려 버린다.

1073

기다림과 고통의 시간은 길었다. 쫓겨난 부패한 권력이 뱃머리를 누르고 있었던 탓일까? 1073일이나 걸렸다. 우리의 고통이, 우리의 슬픔이 더 고통스럽고 더 슬픈 이유는 그들과 함께 온전하게 슬퍼하고 고통스러워할 수 없기 때문이다. 1073일의 시간이 흐르는 동안 먹고사는 일에 바빴던 우리는, 그들의 슬픔과 고통에서 조금씩 멀어져 갔다. 가끔 생각나 가슴이 먹먹한 정도의 아픔으로는 그들을 이해할 수 없다. 1073일 동안 그들의 삶이 송두리째 무너지고 있을 때도 우리는 우리의 삶을 살았다. 아무렇지 않게 세끼의 밥이 우리의 목구멍으로 넘어갔다. 어쩔 수 없는 일이지만, 어쩔 수 없는 일이기에 더욱 슬프다. 아프다.

모로 누운 채 수면 위로 떠오른 선체는 누렇게 녹슨 처참한 모습이었다. 할퀴고 꺾이고 비틀리고 찌그러진 그 모습에 망연자실할 뿐. 그들의 몸부림과 극한의 고통이 세포 하나하나를 도려내듯 철저하고 선명하게 찌르고 파고든다. 이제 무엇을 할 것인가? 우리는 모른다. 그들의 넋이 피투성이가 된 채 우리 앞에 나타났지만, 거기에 진실은 없고 고통과 억울함만이 묻혀 있다. 전문가의 정밀한 눈? 세월호 7시간의 비밀? 위정자들의 신념에 찬 목소리? 우리는 믿지 않는다. 우리는 우리 스스로 고통 속에서 고통을 견디며 고통을 잊어야만 한다. 고통은 늘 우리 몫이었고 고통을 견디고 잊는 것 역시 우리의 몫이었으니까. 이 비굴하고 누추한 삶을 그래도 이어가야만 할 운명이니까.

김기림(1908~미상)의 시를 읽는다.

바다와 나비

아무도 그에게 수심을 일러 준 일이 없기에
흰 나비는 도무지 바다가 무섭지 않다

청무우밭인가 해서 내려갔더니
어린 날개가 물결에 절어서
공주처럼 지쳐서 돌아온다

삼월달 바다가 꽃이 피지 않아서 서글픈

나비 허리에 새파란 초승달이 시리다

거대한 바다와 어리고 연약한 나비의 대비가 아득하고 슬프다. 생명을 앗아가는 절대적인 힘 앞에서 무력했던 어린 생명들. 철부지 나비들에게 누가 바다를 청무우밭이라고 안심하라고 했는가? 지친 나비라도 좋다. 삼월의 바다 꽃 피지 않아도 좋고, 나비 허리에 새파란 초승달이 좀 시리면 까짓 어떤가. 돌아올 수만 있다면. 다시 보고 싶다. 304인 아름다운 이름들. 부르다가 내가 죽을 이름이여!

아날로그 원주민의 하소연

1990년대 중반 이후 출생자를 흔히 '디지털 원주민'이라고 하는데, 인터넷과 디지털 기기가 널리 확산되는 세상에서 성장한 세대를 일컫는다. 그들은 이메일로 자신의 생각을 전하고 SNS의 '좋아요' 버튼을 누르는 데 익숙하다. 사람들과 만나는 동기적 접촉보다는 카카오톡 메신저를 더 선호한다. 질문과 동시에 답변이 성사되는 즉시성과 신속성에 매몰된 탓도 있지만, '나'를 감추려는 욕망이 더 강하다. 만남이나 실시간 통화에서 자신의 감정이 노출되거나 거절하기 곤란한 상황에 맞닥뜨리지 않기 위해 디지털 속에 몸과 생각을 숨기는 것이다. 디지털의 무한 개방성이 역설적이게도 폐쇄적인 공간이 될 수 있다는 사실에 놀라지 않을 수 없다.

그들은 또 인터넷 기반의 강의를 통해 공부하며 자란 세대이기도 하다. 아는 내용은 건너뛰고, 다시 듣기를 반복하고, 1.5배속이나 2배속으로 학습시간을 줄이기도 한다. 그들은 더 이상 삐걱거리는 강단의 칠판 앞에서 백묵을 들고 둔하게 움직이는 선생님의 갈라진 목소리를 듣고 싶어 하지 않는다. 손 안에서 전쟁놀이는 물론 귀신도 잡을 수 있게 된 그들은, 오늘도 궁사의 활시위를 떠난 허공 속의 화살을 정지시켜 놓고 통닭구이에 캔맥주를 즐긴다.

그러나 나는 마법의 시대에 초능력을 주무르며 사는 그들과 대척점에 있는 세대다. 이른바 '베이비부머'가 나의 출생지. '컴퓨터 잘 쓰는 나라'를 주창하던 김대중 정부 덕분에, 횡배와 종배와 양배로 신비롭게 글자 크기가 늘어나던 '하나워드'와 '엑셀'의 선대 할아버지쯤 되는 '하나스프레드시트'로 나의 디지털 세계가 비로소 열렸다. 초기 인터넷이라고 할 만한 '천리안'도 그때의 대표적인 디지털 산물이 아닌가 싶다. 정보통신부 진대제 장관 덕분(?)에 한때 남들이 자유롭게 쓰지 못했던 '파워포인트'를 제법 능숙하게 다룰 줄 알게 되면서 스스로 디지털 세대라고 착각한 시절도 있었으니. 하하하…….

내가 직장생활을 시작한 1980년대 후반의 사무자동화 수준은 두벌식 타자기가 그 전부라 해도 크게 틀리지 않는다. 그때는 부서마다 한두 명의 타자수를 두었는데, 깐깐한 그녀들의 눈 밖에 나지 않기 위해 여러모로 애썼던 기억이 새롭다. 1990년대 초부터 사무자동화 바람이 불면서 컴퓨터가 한두 대씩 책상 위에 앉기 시작했고, 그 후 10여 년이 지나면서 현재 모습의 디지털 사무환경이 갖춰지기에 이르렀다.

내 성격은 남들에 비해 다소 꼼꼼하다고는 할 수 있으나, 일찍 배우고 빨리 배우는 데는 소질이 없는 사람이다. 그런 만큼 빠르기를 특징으로 하는 디지털과 친숙하지 못한 것은 어쩌면 당연한 일이겠다. 그런 얄궂은 까닭으로 나의 '디지털 지수'는 '어쩔 수 없이 하지 않으면 안 되는 수준'에 늘 머물러 있다. 휴대폰을 '손안의 컴퓨터'라고 하지만 나는 지금도 전화를 걸고, 메시지를 보내고, 사진을 찍고, 간단한 뉴스를 검색하는 정도가 전부이다 보니, 나 같은 사람이 세상을 지배했다면 아무리 너그럽게 봐주어도 세계의 디지털 역사는 피처폰 수준에서 끝났을 것이다.

디지털은 역동적이다. 음속보다 빠르고 변화무쌍한 진화 능력을 보여주고 있다. 포탄의 궤적을 계산하기 위해 개발되었던 거대한 컴퓨터가 개인의 손에 들어갈 수 있게 된 지 30년 남짓밖에 되지 않았지만, 이제 휴대전화 없으면 삶 자체가 가능하지 않을 정도가 되었다. 어떤 이의 표현처럼 '격렬한 적응 과정'이었던 셈이다.

진화는 적응을 전제로 한다. 적응하지 못하는 열성인자는 자연스럽게 도태된다는 것이 진화론의 핵심이다. 그렇다면 디지털 지형에 적응하지 못하는 나 같은 세대는 도태의 대상물에 지나지 않는다고 말해도 좋을까? 인간을 위한 디지털이 인간을 배제하고 억압한다면, 나치즘을 부추겼던 우성학 이론과 다를 바 없겠다. 최근의 AI 논쟁도 같은 맥락이라는 점에서 아무리 디지털 주변부에 머물고 있는 사람이라고 해도 간과해서는 안 될 대단히 중대한 문제이다. 이제는 격렬한 적응 과정을 멈추고 '디지털 되감기'를 시작해야 한다. 대나무가 성장을 지속하기 위하여 매듭을 짓듯이 멈춤을 통해 압축 성장의 부작용을 치유하고 내부 질을 촘촘하게 다시 조직해야 한다. 디지털을 진화와 도태의 양극단에서 논하지 말고 '디지털 복지'라는 인간적인 개념으로 전환해야 한다.

나는 스스로를 '디지털 원주민'에 빗대어 '아날로그 원주민'이라고 부른다. 때로는 눈부시도록 현격한 격차에 기죽을 때도 있지만, 아날로그는 디지털이 태어나고 자란 고향이기에 디지털의 발전이 아날로그의 몰락을 의미한다고 생각하지는 않는다. 오히려 어머니가 철모르는 자식을 끌어안듯 디지털의 비인간화를 예방하는 모성적 기능을 아날로그가 대신할 수 있다고 생각한다. 자식은 부모를 일시적으로 잊고 살 수 있지만, 영원히 부모 곁을 떠날 수는 없다. 마찬가지로 디지털이 발전하기 위해서는 아날로그적 환경을 극복해야 하지만, 아날로그적 존재기반을 버리면 한계와 위기에 봉착할 수밖에 없다.

나는 우체국에 다닌다. 그래서 우체국에 관한 이야기로 왜, 아날로그가 디지털의 고향인지 설명해보려 한다. 우체국은 디지털과 묘한 역학관계에 있다. 우체국은 편지라는 가장 아날로그적인 통신수단을 서비스하는 조직인데, 아이러니하게도 IT라고 칭하는 실질적 정보통신 역사가 우체국에서 시작되었다는 점이다. 우편을 기반으로 전신전화 서비스가 도입되었으며, 전국적인 통신망 완성에 이어, 여러 기술 발전 단계를 거쳐 오늘날의 스마트폰 시대가 열리기에 이르렀다. 그러니 디지털의 대명사로 일컬어지는 스마트폰의 유전자에는 편지의 원형질을 포함하고 있다고 말해도 전혀 거짓말이 아니다. 디지털은 자체로 디지털이 아니라, '디지털화'하는 것이다. 편지의 디지털화가 바로 스마트폰인 것처럼. 그래서 앞서 말했듯이 디지털의 고향이자 태반은 모두 아날로그이기 때문에 아날로그를 기반으로 하지 않는 디지털은 허상에 불과하다.

나는 이제 역으로 디지털의 아날로그화를 주장하고 싶다. 너무 빠르기만 하고 친절하지 못한 디지털을 훈육할 수단은 아날로그밖에 없기 때문이다. 어미의 심정으로 회초리를 들어 디지털의 종아리를 가슴 아프게 때라고 싶다. 그리고 눈물 그렁그렁한 따뜻하고 감성이 풍부한 디지털로 거듭나기를 간절히 기도한다. 디지털이여, 아날로그의 품으로 다시 돌아오라!

민심은 천심

"민심은 천심이다." 이 말은 동서고금을 통해 입증된 변함없는 진리다. 민심에 호응하지 못한 리더나 정치집단은 어느 시대를 막론하고 성공하지 못했다. 그래서 새 정부의 발 빠른 행보도 민심을 제대로 읽고 실천하려는 전략적 행동으로 보인다. 오래된 석탄 화력발전소의 가동 중단은 대표적인 민심 지향 정책이다. 이는 미세먼지에 민감한 어린이나 노인 등 취약계층을 우선적으로 배려하여 민심을 보살피는 따뜻한 정부로서의 면모를 가감 없이 보여준 대표적인 미담 사례이다.

세월호 참사로 고인이 된 두 명의 기간제 교사에 대한 순직처리도 전 국민을 감동하게 하는 한 편의 드라마였다. 딸을 저세상으로 보내고 맞는 세 번째 스승의 날이라는 점에서 그 이상의 값진 선물이 없을뿐더러 예상하지 못한 뜻밖의 일이라 더 극적인 감동을 불러일으켰다.

이처럼 민심은 정책의 정당성과 가시적 성과 등 경제 논리에 기댄 합리성 측면에서만 판단하기 어려운 복잡 미묘한 성질을 지니고 있다. 1인당 국민소득이 3만 달러에 육박하고 80세가 넘는 평균수명에 강력 범죄로부터 비교적 안전한 나라에 살면서도 대다수 국민들이 충분히 행복하지 않다고 생각하는 이유가 바로 거기에 있다. 그렇다면 무엇이 그들을 불행하게 할까? 인간은 동물과 달리 마음을 가진 특별한 존재이기 때문이다. 마음이 불편하면 인간은 절대 행복할 수 없다.

옛말에 "사촌이 땅을 사면 배가 아프다"라는 속담이 있다. 심보가 나쁜 사람을 비유하는 말이겠지만, 이 말에는 의외의 통찰이 숨어 있다. 못살아서 사촌이 땅을 사면 배가 아픈 게 아니다. 평범한 시민이라면 누구나 가까운 동네 마트에서 값싸고 질 좋은 세계 여러 나라의 신선식품을 구매할 수 있다. 마음만 먹으면 안방에서 인터넷을 통해 글로벌 유명 브랜드도 쉽게 손에 넣을 수도 있다. 우리는 역사상 가장 풍요로운 세계화 시대에 살고 있는 것이다. 문제는 다른 데 있다. 인간에게 빈부격차와 상대적 빈곤은 '굶주림'보다 더한 고통을 준다. 내가 못살아서 고통받는 것이 아니라 '나만' 못살기 때문에 고통받는다. 그래서 임금착취나 권력에 기대 부를 축적한 부패한 재벌을 보는 국민의 마음은 고통을 넘어 분노를 느낀다.

숫자만으로 엮은 합리성의 그물로는 인간의 마음을 포획할 수 없다. 인간의 마음을 비합리적이라고 운운하는 사람들이야말로 비합리적이기 쉽다. 최근의 연구에 의하면 사람의 마음에도 실체가 있다고 한다. 과학자들은 신체적 고통과 정신적 고통이 같은 뇌에서 처리된다는 사실을 밝혀냈다. 진통제가 실연이나 사별로 인한 고통을 완화할 수 있다는 말이다. 이 같은 과학적 근거에 기대지 않더라도 건강하지 못한 정신은 육체를 병들게 한다는 말은 세간의 상식으로 통한다. 그래서 세월호 인양 비용의 합리성을 따지며 피해자 가족의 정신적 육체적 고통을 외면한 지난 정권의 태도는 비합리적이고 후안무치할 따름이다. 당사자들의 동의를 얻지 않은 위안부 합의도 협상 이론과 화려한 외교적 수사에도 불구하고 민심을 도외시한 부당한 처사에 불과하다.

민심이 천심이라면 민심의 바로미터인 하늘의 변화를 잘 살펴야 한다. 먹구름 낀 하늘에서 비가 오기 마련이고 벼락이 칠 가능성이 높기 때문이다. 울트라마린으로 가득한 짙푸른 창공과 같은 민심이 유지될 때만이 대한민국의 풍요로운 미래가 보장된다.

대통령 유감

나라가 시끄럽다. 아니 진절머리가 난다고 해야 옳겠다. 처음에는 믿을 수 없었고, 다음에는 분노가 치밀었다. 허탈과 우울을 반복하다가 요즘에는 두려움과 공포가 밀려온다. 우리가 모르는 어두운 손이 우리의 일상을 지배하고 있을지 모른다는 섬뜩함에 종종 소스라치게 놀라는 때가 있다. 수십 개의 채널이 한목소리로 같은 뉴스를 반복적으로 내보내고, 광장에는 촛불과 맞불이 대치하는 상황이 몇 달째 이어지다 보니, 그렇게 느끼지 않는 것이 오히려 비정상일지 모르겠다. 한때 '비정상의 정상화'를 외쳤던 정권이 비정상의 꼭짓점에 있었다니…….

이제 무엇을 말해도 믿지 않는 국민이 되었고, 믿을 수 없는 정부가 되어 버렸다. 한때 권력의 정점에 있었던 인물들이 수갑을 차거나 수의를 입은 채 국민들 앞에 일그러진 모습을 드러내는가 하면, 정말 믿어 달라고, 그런 일 절대 없었다던 모 장관은 다음날 위증의 죄목이 더해져 구속되었다. 보고 받은 적도 없고, 알지도 못하고, 만난 적도 없고, 통화한 적도 없다던 왕 실장이라는 사람도 같은 처지에 놓였다. 특히 가슴이 아픈 것은 여러 물적 증거와 많은 사람들의 입을 통해 날마다 어처구니없는 사실들이 밝혀지고 있는데도 청와대의 안주인은 모든 것은 루머에 지나지 않으며, "완전히 엮은 것"이라고 항변하고 있으니…….

대통령은 무엇일까? 사전적 의미로 대통령은 '외국에 대하여 국가를 대표하는 국가의 원수'이다. 국가는 국민을 뜻하는 것이기에, 국민을 대표하는 사람이 곧 대통령인 것이다. 그렇다면 국민의 뜻을 모른다거나 호도한다거나 무시하는 대통령은 있을 수 없다는 이야기가 된다. 그런데 작금의 현실은 그렇지 않다. 모든 국민은 자신이 뽑은 대통령이 어질고 슬기로운 리더이기를 바란다. 가슴 따뜻하고 서글서글한 눈빛으로 국민과 함께 아파하고 기뻐하는 소박하고 격의 없는 대통령이기를 고대한다. 이제 그런 대통령은 과연 존재할 수 없는 것일까? 답답하다.

오늘 자 중앙일보의 '시가 있는 아침' 코너에 신동엽 시인이 1968년에 쓴 「산문시1」이 실렸다. 그 시 안에는 우리가 바라는 대통령의 모습이 고스란히 담겨 있다.

"스칸디나비아라든가 뭐라고 하는 고장에서는 아름다운 석양, 대통령이라고 하는 직업을 가진 아저씨가 꽃 리본 단 딸아이의 손 이끌고 백화점 거리 칫솔 사러 나오신단다."

"휴가 여행 떠나는 국무총리 서울역 삼등 대합실 매표구 앞을 뙤약볕 흡쓰며 줄지어 서 있을 때, 그걸 본 서울역장 기쁘시겠소라는 인사 한 마디 남길 뿐 평화스러이 자기 사무실 문 열고 들어가더란다."

"황톳빛 노을 물든 석양, 대통령이라고 하는 직함을 가진 신사가 자전거 꽁무니에 막걸리 병을 싣고 삼십 리 시골길 시인의 집을 놀러 가더란다."

딸아이 손을 잡고 칫솔 사러 나온 대통령, 뙤약볕 아래 삼등 열차를 기다리는 국무총리와 이웃집 아저씨에게 인사를 건네듯 대충 아는 체하고 제 일하러 가는 서울역장의 천인공노할 의전(?), 자전거 꽁무니에 막걸리를 싣고 시인의 집에 놀러 가는 대통령의 모습에 김사인 시인의 감상평처럼 아름답고 한편 슬퍼져 더 이상 말을 덧붙일 수 없다.

유명한 '그녀'

경북 포항 지역에 규모 5.4의 강력한 지진이 발생하면서 대학수학능력시험이 일주일 연기되고 인명과 재산 피해가 날이 갈수록 늘어나고 있다. 대부분의 사람들은 가벼운 부상에 그쳤지만, 몇몇 사람들은 목숨이 위태로울 정도의 중상을 입고 아직도 병원에서 치료 중이다. 붕괴 위험 때문에 집에 돌아가지 못하는 이재민만도 2천여 명에 달한다. 빠른 응급복구와 전국에서 답지하는 온정의 손길로 사태가 진정국면에 들어섰다고는 하지만, 복구의 손길이 미치지 못하는 농촌 지역이나, 모포 한두 장으로 한데서 추운 겨울을 견뎌야 하는 이재민들의 고통과 불편이 해소되려면 상당한 시간이 필요해 보인다. 더구나 강진 이후 60여 차례나 지속되는 여진 탓에 불안과 공포는 쉽게 가라앉지 않고 있다.

그런데 이 같은 국가적인 재난 상황에서 정치권의 모 인사가 부적절한 발언을 해 논란이 일고 있다. 야당의 여성 최고위원인 이 인사는 포항 지진에 대해 "문재인 정부에게 하늘이 주는 준엄한 경고, 천심이라는 지적이 있다"며 목소리를 높였다. 정부와 여당을 견제하고 비판하는 일이 야당 정치인의 당연한 임무라는 데 동의한다손 치더라도 피해 당사자인 포항 지역 주민으로서는 도저히 납득할 수 없는 망언이 아닐 수 없다. 그녀의 말대로라면 포항은 하늘의 저주가 내린 천형의 땅이 되어 버렸기 때문이다.

당연히 모든 언론매체와 SNS는 분노로 들끓었다. 하지만 그녀는 당당했다. 오히려 그런 혼탁한 상황을 즐기고 있는 듯한 태도는 당내의 주변 인사들마저 혼란스럽게 만들었다. 이처럼 어처구니없는 그녀의 용기(?)는 과연 무엇으로부터 연유한 것일까?

고대 그리스인들에 의해 영원불멸의 대상으로 극진하게 숭배되었던 7대 불가사의가 있다. 지금은 피라미드 외에 대부분 그 흔적조차 찾을 수 없다. 그들도 병들고 죽어가는 우리들의 운명과 마찬가지로 지진이나 해일 등 자연재해와 전쟁으로 인해 서서히 사라져 갔다. 하지만 사냥의 여신 아르테미스 신전의 운명은 조금 달랐다. 길이 130m 높이 18m의 초대형 건축물인 이 신전은 자연재해나 전쟁이 아니라 인간에 의해 고의적으로 '살해'되었기 때문이다. 기원전 356년에 에페소스의 패기만만한 어떤 청년이 신전에 불을 지른 것이다. 불은 밤새 신전을 태웠고 다음 날 신전이 있던 자리는 잿더미로 변했다. 방화의 변은 이랬다.

"돈도 권력도 아니다. 증오도 아니다. 내 이름을 영원히 알리고 싶었다. 다른 인간들처럼 세상의 기억에서 이름 없이 사라지기는 싫었다."

포항 지역에 저주를 퍼부은 야당의 여성 최고위원에게 발언의 이유를 묻는다면, 아르테미스 신전을 살해한 청년과 흡사한 대답을 했을 것이다. 그렇다면 왜, 인간은 유명해지고 싶은 것일까?

그녀는 독일에서 석사와 박사학위를 받고 대법원의 재판연구관을 거쳐 국회 법제실에서 법제관으로 근무하는 등 잘 나가는 전문직 종사자이기는 했으나 유명인은 아니었다. 좀 더 심하게 표현하는 것이 허락된다면, 그녀는 그녀가 속한 공동체의 배경 인물이며 약자에 불과했다. 그런 그녀를 사회의 전면으로 이끈 것은 텔레비전 종합편성채널의 역할이 컸다. 그녀는 몇몇 예능프로그램과 정치토론에 출연하여 입담을 과시하며 세간의 주목을 끌었다. 급기야는 유력 정치인에게 낚여 야당의 최고위원에게까지 오르는 기염을 토하며 유명세의 반열에 오르는 데 성공했다. 그녀의 법전은 직업이나 지식으로서의 법전이 아니라 유명세를 위한 불쏘시개였던 셈이다.

그렇다면 이제 그녀를 유명인이라고 불러도 좋을까? 그녀는 스스로 고개를 내저을 수밖에 없었다. 그녀는 머지않아 자신이 수많은 정치인 중 한 명의 정치인에 지나지 않는다는 것을 절감해야 했다. 그녀는 자신이 여전히 근육질의 남자들이 지배하는 정치판의 나약한 배경 인물에 불과하다는 것을 깨달았다. "내가 이러려고 정치판에 뛰어들었나?"라는 자괴감이 그녀를 강하게 뒤흔들었을 것이다. 그래서 그녀는 가는 곳마다 "나는 유명해지고 싶어요"를 외치며 대중을 향해 플래카드를 흔들었다. 친박 단체의 태극기 물결 속에서 그들의 황당무계한 어법을 익히고 무장했다. 카메라 플래시가 터지는 곳이면 어디든 부나방처럼 달려들었고, 머무는 곳마다 크고 작은 불을 질렀다. 그리고 인간으로서 접근이 허용되지 않는 금기된 신전에 불벼락을 던져 버렸다. 고통과 절망으로 주저앉은 포항시민들을 향해 그녀는 이렇게 변명하지 않았을까?

"돈도 권력도 아니다. 증오도 아니다. 내 이름을 영원히 알리고 싶었다. 다른 인간들처럼 세상의 기억에서 이름 없이 사라지기는 싫었다."

그러나 가여운 그녀는 잊지 말아야 한다. 유명하다고 항상 힘이 있는 것이 아니라는 것을. 아르테미스 신전의 방화범인 헤로스트라투스는 사형당했고, 비틀스 멤버 존 레논을 암살하는 것으로 자신의 이름을 역사에 남기려 했던 마크 채프먼은 오늘도 여전히 감옥에서 자유를 갈망하며 자신에게 쇠고랑을 채운 '유명세'의 혹독한 굴레에서 몸부림치고 있다. 유명해지기 위해 부린 한 번의 객기로 힘은커녕 자신의 목숨 하나도 부지하기 어려운 처지로 전락하고 만 것이다.

지진이 난 포항 지역 주민을 돕기 위해 전국 각지에서 자원봉사자들이 모여들고 있다. 군인과 공무원은 물론, 남녀노소를 불문하고 모두가 내 일처럼 나서고 있다. 한 방송사가 주관하는 성금 모금 방송에도 동참하는 사람들이 줄을 잇고 있다. 모두 무명인들이다. '유명'한 몇 사람보다 '무명'한 다수가 이 사회를 이끄는 건강한 힘이라는 것을 다시 한번 입증하고 있는 셈이다.

프리미엄 프라이데이

정부가 또 내수 활성화 대책을 내놓았다. 도널드 트럼프 미국 정부의 돌발 정책 탓에 불확실성이 증가하고, 주변 국가들의 불황이 지속되면서 수출은 물론, 경제성장의 중요한 축인 내수시장마저 부진의 늪에 빠졌기 때문이다. 여러 가지 난제가 산적한 가운데 작년에 도입한 김영란법도 내수 부진을 부채질하고 있다. 더구나 최근에는 AI와 구제역으로 물가가 크게 오르고 시중의 실세 금리가 상승하면서 서민들의 주머니 사정이 더욱 어려워졌다. 이른바 한국경제가 '퍼팩트 스톰'(여러 가지 악재들이 동시에 발생한 최악의 상황)에 갇혔다는 진단이 나올 정도이다.

한 해 농사를 망칠 위기에 처한 정부가 내놓은 여러 처방 중 눈길을 끄는 대목이 하나 있다. 한국판 '프리미엄 프라이데이'이다. 한 달에 한 번 '가족과 함께하는 날'(금요일)을 지정하고 평소보다 2시간 앞당겨 오후 4시에 퇴근하는 제도이다. 대신 일찍 퇴근한 주에는 월요일에서 목요일까지 30분씩 연장근로를 해야 하는 조건이 붙었다.

그런데 시행도 하기 전에 논란이 많다. 대부분의 직장인의 경우에 '칼퇴근'이 불가능한 처지라 현실성이 떨어진다는 지적이다. 게다가 현행법 위반이라는 말까지 있다. 기업들도 시큰둥한 반응이다. 근로기준법상 8시간을 초과하면 무조건 연장근로수당을 50%나 가산해줘야 하는데, 말이 안 된다고 한다. 부담만 늘어나고 실익이 없는 조치를 왜 기업들에게 강제하느냐고 볼멘소리를 감추지 않는다.

예전에도 이런 조치가 있긴 했다. 공기관에서 매주 수요일을 '가정의 날'로 정하고 정시 퇴근을 장려했다. SK나 LG 등 일부 대기업도 동참하여 생산성 향상이나 비용 절감 측면에서 긍정적인 성과를 냈다고 알려져 있기도 하다. 이 제도는 저녁을 '선물' 받은 직장인들에게 많은 변화를 가져다주었다. 정시 퇴근 후 가족과 함께 오붓한 시간을 보낼 수 있었고, 취미생활이나 자기계발에 투자하는 시간이 늘어나다 보니 예전보다 만족도가 크게 올라가는 것은 당연한 결과였다.

그러나 보수정권 10년을 거치면서 그런 작은 변화의 조짐마저 온데간데없이 사라져 버렸다. '아침형 인간'이니 'early bird' 따위의 구호 앞에 직장인들의 '저녁이 있는 삶'은 사라진 지 오래이다. 병아리 눈물만큼이나 보장되었던 그들의 여가와 문화생활은 다시 연장근로로 대체되어야 했다. 일부에서는 보수를 늘리는 수단으로 연장근로가 악용되는 폐단을 지적하거나, 윗사람들의 눈치를 보는 관행적인 직장문화를 탓하기도 하지만, 그런 경우는 극히 일부에 지나지 않으며, 그렇다 하더라도 문제의 원인은 다른 곳에 있다. 빈곤한 국가 철학과 천박한 자본주의가 문제의 주범임은 두말할 필요도 없겠다. 복지는 도외시한 채 성장 일변도의 경제 정책에 매몰된 국가권력과 거기에 영합한 기업들. 날마다 성장률 지표에 목을 매며 비용을 줄이고 이익을 극대화하는 데만 혈안이 되어 있는 그들에게 인간 존중의 직장문화는 바다 건너 먼 나라의 이야기일 뿐이다.

오래전 독일 프랑스 이탈리아 스위스 등 선진 유럽국가로 연수를 다녀온 적이 있다. 한밤중에 불야성을 이루는 우리나라 도시들에 비하면 유럽의 도시들은 거의 적막에 가까울 정도로 고요했다. 이유는 간단하다. 그 나라의 직장인들은 특별한 사정이 없는 한 정시에 퇴근해 곧장 집으로 돌아가 가족과 함께 단란한 시간을 보내는 것이 상식처럼 되어 있기 때문이다. 공원이나 극장에는 가족 단위 나들이객들로 북적이고, 그들의 건강한 웃음소리 덕분에 도시는 늘 활기가 넘쳤다. 직장에서 늦은 밤까지 일하다가 상사나 동료들과 어울려 2차

3차 술을 마시며 휘청거리는 한국의 도시 풍경은 그 어디에서도 찾아볼 수 없다. 늦은 밤에 배가 출출하거나 술이 생각나 한국에서 하던 습관대로 그곳에서 24시 편의점 같은 곳을 찾아 나선다면, 당신은 반드시 빈손으로 돌아와야만 할 것이다. 그곳의 비즈니스맨들은 늦은 밤까지 당신의 출출한 배를 채워 주기 위해 기다리는 대신, '감자 먹는 사람'(빈센트 반 고흐의 그림)이 내걸린 식탁에서 그를 기다리는 가족의 품으로 일찌감치 돌아갔기 때문이다. 그들은 이처럼 일보다 가정이 우선이고 돈보다 사람이 우선인 나라에서 행복하게 살고 있다.

우리나라도 이제 선진국다운 품격을 갖추어야 한다. 복지를 위해 더 많은 자원을 배분해야 한다. 무늬만 복지가 아니라 국민의 삶이 실질적으로 개선되도록 해야 한다. 경제성장 지표들이 국민들의 안락한 삶을 보장하지 못한다. 낮은 성장 속에서도 얼마든지 인간다운 삶을 살 수 있다. 문제는 낮은 경제성장이 아니라 불평등한 국가와 격차가 심한 사회에 있다. 불평등과 격차 해소를 경제정책의 최우선 과제로 삼아야 진정한 선진국이 될 수 있다.

기업들도 태도를 바꾸어야 한다. 기업들의 성장은 당기 순이익에 있지 않다. 사회적 책임을 다해야 지속 가능한 기업으로 성장할 수 있다. 동반성장은 해묵은 이야기가 아니다. 기술개

발이나 설비투자 이상으로 근로자에게 투자해야 한다. 이익을 공정하게 나누고 근로자 개개인의 성장을 도와야 한다. 임금이 낮은 비정규직에 의존해 손쉽게 이익을 취하는 것보다 고급인력을 육성해 부가가치를 높이는 것이 모두를 위한 해법이다. "빨리 가려면 혼자 가고, 멀리 가려면 함께 가라"는 말이 있다. 근로자와 함께 가는 기업만이 영속한다.

말이 중언부언 길어졌지만, 그런 차원에서 이번 '프리미엄 프라이데이'도 생각해야 한다. 연장근로수당을 주면서 근로시간까지 단축하는 것은 부당하다고 주장하는 얄팍한 계산속이 아니라, 근로자의 복지에 투자하는 장기적이고 인간적인 안목을 가지라는 것이다. 우리나라 기업이 이만큼 성장한 것은 과거 개발연대에 저임금과 혹독한 환경 속에서 어렵게 일한 근로자의 덕분(구태여 임금 착취라는 말을 동원하지 않더라도)이다. 그때의 대가를 돌려주라는(가능하지도 않겠지만) 말은 아니다. 그들의 복지 증진을 돕고 그것을 통해 생산성을 향상하여 투자한 대가를 다시 돌려받는 선순환의 윈윈 구조를 만들라는 이야기이다. 그러고 보니 '프리미엄 프라이데이'라는 말부터 바꾸어야겠다. 사실상 이 제도 도입으로 근로자가 더 누리는 혜택도 없는데, 기업가 입장에서 은전을 베푸는 듯한 냄새가 진하게 배어 있기 때문이다. 아무튼 이번 제도가 순조롭게 안착되어 기업과 근로자가 상생하는 좋은 본보기를 만들고 위기에 처한 한국경제도 침체에서 벗어나는 기회가 되었으면 하는 바람 간절하다.

가난 길들이기

나를 초라하고 주눅 들게 하는 애달픈 풍경이 있다. 초가삼간에 이은 13평 직원숙사와 그 너머의 25평 아파트. 다름 아닌 내 생애의 곡절이 고스란히 담긴 집이라는 거주공간이다. 때로 나에게 집은 안락한 휴식공간이 아니라 절망과 사투의 공간이었다. 세상으로부터 상처받는 근원인 동시에 그 상처를 치유하기 위해 삶을 눈물 나게 붓질한 애환의 공간이었다.

초가삼간은 아버지의 집이었으나 정작 아버지는 없었다. 아버지는 멀고 먼 타지를 떠도는 봇짐장수였다. 어머니와 칠 남매는 아버지가 가뭄에 콩 나듯이 보내오는 돈으로 근근이 생계를 이어갔다. 어머니가 생선 장수로 나서면서 큰 누이는 어느 날 갑자기 행방불명되었고, 지적장애가 있던 남동생은 알 수 없는 병마 속에 시름시름 앓다 세상을 등졌다. 나머지 누이들마저 70년대의 근대화 물결을 타고 서울로 떠났다. 그렇게 해서 아버지의 초가삼간에는 삼 남매만 남겨졌고, 그곳에서 내 유년이 잡초처럼 자랐다.

윈스턴 처칠에게 우울증이 '블랙 독black dog'이었다면 나에게 블랙 독은 가난이었다. 가난은 끊임없이 나를 따라다니며 윽박지르고 위협하고 치욕스럽게 했으며, 결정적인 순간에 내 앞길에 덫을 놓았다. 『굿바이 블랙 독』의 저자 맥스 존스톤이 블랙 독을 가리켜 진술한 것처럼 말이다.

"되돌아보면 20대 초반부터 블랙 독은 내 인생을 끊임없이 들락거렸다. 녀석이 나타나면 공허감이 느껴졌고, 삶은 한없이 더디게 흘러갔다."

"녀석은 나를 내 나이보다 더 늙게 만들었고, 나 스스로 더 늙었다고 느끼게 했다."

"즐거웠던 일도 갑자기 시들해졌다. 녀석 때문에 뭘 하거나 어디를 가려면 슈퍼맨 같은 힘이 필요했다."

"녀석을 키우고 있다는 것을 들킬까 봐 집이나 직장에서 나를 감추고, 멋지고 훌륭한 사람인 척 나를 속이게 되었다."

나는 20대 초반 사글세와 전셋집을 떠돌다가 한때 가난을 뒷배 삼아(아니, 슈퍼맨 같은 힘을 내) 직원숙사를 얻어 들어간 적이 있다. 나는 지금도 그때의 몰염치와 굴욕감과 연민을 가장한, 화살보다 더 뼈아픈 주변의 눈초리를 잊을 수 없다. 더욱이 그 경험은 초등학교 시절에 불우 가정의 대표로 뽑혀, 전교생이 십시일반 모금한 성금을 모든 학생과 선생님들이 보는 앞에서 전달받을 때의 아찔한 기억과 오버랩되면서 평생 잊히지 않는 상처를 만들었다.

문학청년의 꿈도 가난과 함께 아득히 멀어졌다. 이순신과 세종대왕으로 시작한 어설픈 내 문학의 길을 톨스토이와 도스토예프스키와 헤밍웨이로 릴케로 안내했던 삼중당문고. 아버지의 농사일을 거들며 한 푼 두 푼 모아 사들였던, 잠 못 드는 밤 달빛 서늘하게 내려앉은 동구 밖 묘지에 드러누워 소주 한 병의 취기로 얼큰하게 쓰다듬었던 그 문고판 서적을 직원숙사로 이사하면서 그만 잃어버리고 말았으니. 물론 내 부주의였겠지만, 내 문학은 그렇게 가난과 함께 몰락했다.

직장생활을 하게 된 이후부터는 매달 들어오는 월급 덕분에 먹고사는 데는 큰 지장이 없었지만, 내 삶은 늘 초라하고 부끄러웠다. 가난은 여전히 블랙 독처럼 쉽게 길들여지지 않았다. 남들은 하는데 나만 못하는 결핍감에 시달리고 부대꼈다. 그래서였을까? 나는 다시 한번 슈퍼맨 같은 힘을 내 일을 저질렀다. 생애 최초로 내 소유의 아파트를 장만한 것이었다.

25평, 그것은 새로운 우주였고 낙원이었다. 이럴 수 있다니 내가? 그런데 나는 애초에 그럴 능력이 없는 가난한 사람이었다. 때맞추어 IMF가 터지면서 집값의 8할이 대출금이었던 나의 가정경제에 이자 폭탄이 터진 것이다. 연 20%가 넘는 이자를 감당하기에 내 보수는 턱없이 적었다. 내 소유의 집은 금세 실낙원으로 전락했고, 나는 우주에서 쫓겨난 미아 신세가 되고 말았다. 그로부터 20년이 지난 지금도 내 통장에는 여전히 블랙 독의 우울한 그림자가 얼씬거린다. 나에게 부채를 떠안긴 은행으로 원리금이 매월 꼬박꼬박 빠져나가고 있으니 말이다. 남들 앞에서 이제는 좀 살 만하다고 어깨를 펴 보지만, 녀석(가난)을 키우고 있다는 것을 들킬까 봐 전전긍긍하기는 예나 지금이나 별반 다르지 않다.

나는 지금 내 가난의 연혁과 그 서러운 곡절에 대해 말하고 있다. 하지만 오늘만큼은 가난을 위로한답시고 가난을 무슨 청렴의 대명사로 쓰거나 철학적 사유로 그럴듯하게 포장하고, 눈물샘을 자극할 생각은 추호도 없다. 왜? 억울하니까. 대체 내가 지불한 그 많은 이자는 누가 가져갔단 말인가.

최근에 최저임금 문제로 나라가 소란스럽다. 최저임금 인상으로 영세업자나 소상공인들이 다 망할 것처럼 떠들고 있다. 그리고 그들은 늘 하던 방식으로 시장경제는 자율에 맡겨야 한다며 식상한 애덤 스미스의 '보이지 않는 손'을 들먹이며 입방아를 찧고 있다. 하지만 과연 그럴까? 자영업자들이 지불하는 비용은 인건비만 있는 게 아니다. 인건비 외에도 건물 임대료나 설비비, 전기나 수도요금, 관리비 등의 제세공과금, 가맹점비 등이 포함되어 있는데도, 그들은 인건비 쪽으로 여론을 호도하여 '업주보다 더 많이 벌어 가는 알바'라는 선정적인 문구를 들이대며 '을과 을의 전쟁'을 부추기고 있다.

최저임금은 말 그대로 최저 생계비를 뜻한다. 따라서 인간의 존엄과 품위를 유지하기 위한 최저임금이 논란의 대상이 되어서는 곤란하다. 오히려 논의의 초점을 임대료의 적정성 문제로 옮기는 게 더 합리적이다. 스스로 자영업을 하지 않으면서 점포를 소유하고 임대료를 자영업자에게서 거두어들이는 구조가 자영업을 위태롭게 한다. 돈 있는 자들이 점포를 매입하겠다고 뛰어드는 순간 부동산 가격은 폭등하고, 덩달아 임대료도 천정부지로 치솟는 악순환이 발생한다. 이러한 행태는 자영업자가 낮은 비용으로 사업을 할 수 있는 기회를 빼앗는다는 점에서, 아니 더 정확하게 표현하면 가진 자, 즉 자본이 실수요자인 자영업자의 주머니를 탈취한다는 점에서 정의롭지 못하고 자유주의 이념에도 반한다.

다시 애덤 스미스의 이야기로 돌아가 생각해 보면, 돈 가진

자(자본)의 부당함이 보다 분명해진다. 일반적으로 애덤 스미스와 '보이지 않는 손'을 등식화해 시장경제를 설명하려 들지만, 그것은 단편적인 지식에 불과하다. 그의 저서 『도덕감정론』과 『국부론』의 내용을 살펴보면, 오히려 자본의 이익을 최소화하고 노동에 대한 합당한 대가가 주어지는 시장경제를 강조하고 있음을 알 수 있다. 애덤 스미스는 시장에서 적정하지 않은 가격이 형성되는 것은 임금이 높아서가 아니라, 자본가의 과도한 욕심 때문이라고 진단하고 있다. 그래서 애덤 스미스는 '완전 경쟁 시장'을 만들기 위해서는 사회를 기만하고 '을'을 억압하는 자본가 계급을 걸러내야 한다고 주장하고 있다.

결론적으로 돈으로 돈을 버는 욕심이 지배하는 시장은 결코 공정하지 못할뿐더러 성공할 수도 없다는 것이다. 자본의 부당한 착취는 땀 흘려 열심히 일하는 자영업자와 노동자를 죽이는 행위에 해당한다. 국가가 나서 그들을 통제하지 않으면 애덤 스미스가 우려했던 대로 우리 '을'들은 더 이상 생존할 수 없다.

그러고 보니 내가 지불했던 그 많은 이자도 욕심 많은 자본가의 손에 들어갔음이 분명하다. 내가 높은 대출이자를 부담할 때 그들은 은행의 고금리를 노려 자본을 굴렸을 것이다.

신성한 노동을 통해 뼈 빠지게 벌어들인 임금을 돈 많은 그들이 땀 한 방울 흘리지 않고, 오직 돈만을 이용해 내 노동을 착취한 게 분명하렷다! 이제 블랙 독의 정체가 분명하게 드러났다. 돈 많은 자들, 그들이 블랙 독이다. 국가는 반드시 그들을 길들여야 한다.

4부

詩네마 느낌표

*시 12편과 영화 4편의 감상평을 수록했다.

*「뼈의 말씀」(월간 시사문단 회장, 박효석)과 「벽시계」(마경덕)에 대한 평론 이외의 시는 모두 저자 본인의 작품이다.

「뼈의 말씀」으로 듣는 사랑의 노래

이 글을 쓰게 된 동기를 먼저 밝혀야겠다. 많은 이유들이 나의 마음과 손을 움직이게 했겠지만, 박효석 시인에 대해 말할 때, 시에 대한 그의 헌신을 빼놓고는 다른 무엇으로도 이야기하기 어렵다. 40여 년의 시력이 그렇고 17권에 달하는 시집이 그것을 충분히 입증하고도 남음이 있다. 나는 박효석 시인을 잘 알지 못한다. 내가 그에 대해 아는 것이라고는 고작 그가 한국문단의 원로 시인이고, 경찰대학교 교수로 재직하다 퇴직했으며, 현재는 시사문단의 회장으로 재임하고 있다는 정도이다. 시사문단에 몸담고 있는 작가들이라면 모두가 아는 이 정도의 정보를 가지고 그를 알은체하는 것은 부끄러운 일이지만, 그동안 그가 일군 '시의 높이와 깊이'를 이해하고자 하는 열망이 신출내기 평론가의 가슴을 뛰게 했고, 내가 속한 문단의 어른에 대한 남다른 애정과 존경심의 발로일 뿐만 아니라, 이 글을 통해 이미 안 것보다 앞으로 알아가는 과정 속에서 박효석 시인과의 정 깊은 인연을 내심 기대하고 있는지도 모르겠다.

지난(2016년) 5월 21일 수원에서 박효석 시인의 고희연古稀宴을 겸한 17번째 시집 출판 기념회가 있었다. 기념식장에서 만난 박효석 시인의 모습을 보고 모두들 놀라는 기색이 역력했는데, 고희연을 앞두고 몸살감기를 심하게 앓았고 그 후유증으로 지병인 당뇨 합병증까지 겹쳐 생사의 문턱을 넘나드는 위기를 가까스로 모면했다는 이야기를 들으면서, 문단 식구들 모두가 서늘한 가슴을 쓸어내려야 했다. 평소에도 50㎏을 넘지 못하는 왜소한 몸집이 심하게 앓은 탓에 이제는 몸무게가 44㎏밖에 나가지 않는다고 하니, 그 앙상한 모습을 보고 놀라지 않을 사람은 아무도 없었을 것이다.

그런데 나는 그분과 마주하면서 불현듯 4월의 어느 날의 일이 머리를 스치고 지나는 것을 느꼈다. 모 월간지에 그분의 시 「뼈의 말씀」이 실린 것을 발견(「뼈의 말씀」은 그분의 17시집 『여보』의 첫머리에도 실려 있다.)하고, 반가운 마음에 그분께 시가 실린 부분을 사진으로 찍어 간단한 안부 글과 함께 휴대폰 메시지를 보낸 일이 있었는데, 기념식장에 만난 시인의 초췌한 모습과 그때 읽었던 「뼈의 말씀」의 시상이 겹치면서 가슴이 먹먹해지는 감정에 휩싸여 당황했던 기억이 아직도 고스란히 남아있다.

그런 특별한 사연을 되새기면서 오늘 「뼈의 말씀」을 다시 읽는 감회도 남다르거니와, 박효석 시인의 "「뼈의 말씀」으로 듣는 사랑의 노래"를 문단 가족을 비롯해 독자들과 함께 나누고 싶은 욕망에 게으른 마음을 재촉하여 이렇게 펜을 들게 되었다.

늙어가면서
살은 거의 다 빠져버려
뼈만 남은 말씀으로
사랑을 고백하니
사랑이 목숨 같은 주춧돌로
우뚝 선다
살이 붙어 있을 땐
사랑을 고백하면
물렁물렁 사랑이 물러지는지
확고한 신념을 갖지 못해
불안하기 일쑤였는데
뼈의 말씀으로 고백하니
늘그막엔

흔들림이 눈곱만치도 없다

-「뼈의 말씀」 전문

시인은 "물렁물렁"하여 "불안하기 일쑤"인 "살"을 버리고, "목숨 같은 주춧돌로 우뚝" 서서 "흔들림이 눈곱만치도 없"는 "뼈"의 사랑을 세움으로써 욕망의 늪에서 벗어난 지성인으로서의 참된 사랑의 모습을 보여주고 있다.

우리는 늘 사랑을 부드럽고 달콤한 대상으로 인식하지만, 진정한 사랑은 오히려 거칠고 쓰디쓴 고난의 길 위에 놓일 수밖에 없다. 슬프지 않고 기쁨을 취할 수 없고, 불행의 과정을 통과하지 않고 진정한 행복의 의미를 찾을 수 없듯, 사랑도 "살"을 깎는 아픔과 고통을 겪은 뒤에야 진정한 사랑으로 거듭날 수 있다. 그런 의미에서 시인의 "뼈"는 "살"이 빠지는 아픔과 고통을 극복하고 만들어 낸 진실하고 튼튼한 '사랑의 구조물'에 다름 아니다.

시인은 44kg밖에 나가지 않는 왜소한 몸을 가지고 있지만, 그가 세운 '사랑의 뼈'는 신전을 떠받치고 있는 기둥보다 더 크고 튼튼하다. '사랑의 뼈'로 세운 그의 또 다른 시가 더 궁금해지는 까닭이 여기에 있다.

잔뜩 흐린 마음을

빨래하고 나니

마음이 화창한 날씨 같다

마음의 구정물을 다 쏟아내고

깨끗한 물로 헹궈내니

푸드덕 새처럼 날아갈 것 같기도 하고

사금 같은 햇살처럼

웃음이 눈부실 것만 같아

오늘은 무턱대고 달려가

그대 마음 양지바른 창가에

깨끗해진 내 마음을 널어

그대의 오해를 말끔히 불식시킬

사랑의 사면을 받고 싶다

-「빨래」 전문

너를 떠나보내고

돌아서는 길

온몸을 전율시키는 슬픔에
그래도 나는 살아있다는
실감이 나서 좋았다

이 세상에 보내고 싶어도
보낼 사람조차 없는 사람이 많을 텐데
그래도 난 떠나보낼 사람이 있다니
두고두고 사랑했던 그때를 회상하며
살아갈 수 있지 않겠느냐

갖고 싶은 절실함이
욕망이라면
어쩔 수 없이 보내야 하는 애절함은
애끓는 듯한 사랑이려니

눈물아
속으로 삼킬 때 슬픔의 전율이
온몸에 감전되듯

사랑아

너를 사랑했던 그 순간이

두고두고 행복으로 전율하려니

-「전율」 전문

"마음을 빨래" 하고 "마음의 구정물을 다 쏟아"낸 후 "그대 마음 양지바른 창가"에 다가서고 싶다는 시인의 정갈하고도 순결한 사랑관이 잘 드러난 시 「빨래」는, 「뼈의 말씀」의 연장선에서 사랑을 노래하고 있다. '살'을 버리지 않고는 '뼈'를 세울 수 없듯 마음을 "빨래" 않고는 순결하고 지고지순 사랑을 구할 수 없기 때문이리라.

「전율」은 이별의 상실감을 극복하는 시인의 성숙한 자세가 엿보이는 시로, 사랑을 잃어버린 슬픔 속에 매몰되지 않고 또 다른 차원의 참된 사랑의 가치를 발견하는 과정을 그리고 있다. 시적 자아에게 이별은 "온몸을 전율시키는 슬픔"이지만, 그 전율마저 "살아있다는 실감"으로 대체하는 성숙함을 보여주고 있다. 시인은 "갖고 싶은 절실함"은 '욕망'이고, "어쩔 수 없이 보내야 하는 애절함"은 '사랑'이라고 정의한다. 그래서 욕망을 버리고 애절함을 마음에 간직하고 있는 시적 자아에게 이별은 "슬픔의 전율"을 넘어 "두고두고 행복으로 전율"

하는 영원한 사랑의 기억으로 남게 되는 것이다.

박효석 시인의 17시집의 제목은 『여보』이다. 이 시집은 제목답게 아내에 대한 사랑의 감정과 체취가 곳곳마다 가득할뿐더러, 21편의 시로 엮은 5부는 아내를 위해 온전히 바치는 특별한 사랑의 노래를 담고 있어 더욱 눈길을 끈다.

'여보'라는 말의 뜻풀이 중에는 좋은 내용이 많이 있지만, 그중 나는 如寶라는 한자 성어를 제일 좋아한다. 아내가 보배와 같은 존재라니, 이보다 더 아름다운 말을 어디서 찾을 수 있겠는가. 이 말의 뜻을 마음에 새기고 당신의 아내를 한 번 천천히 바라보기를 권한다. 당신 아내의 두 눈이 보석처럼 반짝일 것이다. 그것이면 충분하다. 아내의 눈이 보석처럼 반짝인다고 느낄 때가 이미 사랑이기 때문이다.

그렇다면 『여보』라는 시집을 낸 박효석 시인도 如寶라는 말과 뜻에 동감할까? 그의 시 「여보라는 뜻」을 통해 그의 심중을 헤아려 보도록 한다.

"여보"

"왜 불러요?"

"아니, 그냥 불러보고 싶어서"

그렇다

여보라는 말이 입에 달렸다

불러도 자꾸 무의식적으로 부르게 되는 이름

“여보”

밥을 굶으면 배가 고픈 것처럼

여보를 부르지 않으면 정신이 고프다

늘 곁에 있어야 든든하고

진수성찬이라도 여보가 빠지면

입맛이 없다

세상이 날아갈 듯한 태풍이 불어와도

여보가 곁에 있으면

난 절대로 쓰러질 일이 없고

연일 장대비가 쏟아져

세상이 속수무책으로 물에 잠긴다 해도

여보가 곁에 있으면

절대로 물에 수장될 일 없듯

천둥번개 같은 숱한 시련을 함께 이겨낸

고락이 있고

여보라는 말 속에는

목숨과 바꿔도 아깝지 않을 사랑이 있어

"여보" 하고 부르면

여보라는 말 속에는

"나는 온전히 당신 것이에요"라는 뜻이 담겨 있다

– 「여보라는 뜻」 전문

박효석 시인에게 "여보"라는 말은 "그냥 불러 보고 싶"은 이름이고 "입에 달"린 이름이며, "무의식적으로 부르게 되"는 이름이다. 그런가 하면, 여보라는 이름을 부르지 않으면 배가 고픈 것처럼 "정신이 고픈" 이름이며, "진수성찬이라도 여보가 빠지면 입맛이 없"는 소중한 이름인 것이다. 또 "여보"라는 말 속에는 "시련을 함께 이겨낸 고락"이 있고, "목숨과 바꿔도 아깝지 않을 사랑"이 있다. "여보"라는 사람만 곁에 있으면 그는 안전한 존재가 되기도 한다. "태풍이 불어와"도 "장대비가 쏟아져"도 "쓰러질 일 없"고 "수장될 일 없"기 때문이다.

박효석 시인에게 "여보"는 신적 존재에 가깝다. 그래서 그는 "나는 온전히 당신의 것이예요"라고 고백하며 아내의 신전에 그가 가진 모든 것을 바칠 각오를 다지고 있는 것이다.

어떤가? 아마 당신의 마음은 이미 보배 같은 존재라는 뜻의 '如寶'보다 박효석 시인의 '여보' 쪽으로 기울었을 것이다. 당신도 한번 '여보'라고 조용히 불러 보라. 그러면 당신의 눈가에 어느새 촉촉하게 눈물이 고여 오는 것을 느낄 것이다. 그것이 바로 이 세상에 하나밖에 없는 '여보'라는 존재의 의미이다.

지금까지 간략하게나마 17시집 『여보』를 중심으로 박효석 시인의 시 세계를 더듬어 보았다. 우리는 그의 시를 통해 삶과 사랑에 대해 다시 한번 되돌아보는 좋은 기회를 얻었다. 욕망으로 덧씌워진 '살'을 버리고 '뼈'를 제대로 세워 곧고 바르고 맑게 지고지순한 사랑의 삶을 살라는 시인의 충고에 귀 기울이지 않을 수 없게 될 것이다.

그의 시는 또 우물가의 처녀가 버들잎을 띄워 건네는 한 사발의 시원한 물과 같이 순수하고 신선한 느낌을 준다. 게다가 이웃집 아저씨가 한입 베어 먹고 남겨준 군고구마처럼 정겹다. 난해시가 유행처럼 번지는 가운데서도 이처럼 박효석 시인이 칠십 평생 자기만의 순정한 시 세계를 오롯하게 지킬 수 있었다는 것은 놀라운 시적 성취가 아닐 수 없다.

그는 시 하나를 붙들고 평생 시가 되고 싶어 살아왔다고 말한다. 순간순간 시가 저 멀리 달아날 때마다 목숨처럼 시를 쫓아가기에 바빴다고 회고하면서, 혹독한 인생의 한파가 수 없이 앞을 가로막을 때마다 그를 일으켜 세웠던 것 역시 시였다고 말할 정도로, 그는 시류時流에 편승하지 않고 오로지 시마詩魔를 향한 외눈부처의 삶을 살아온 한국시사의 빛나는 별이 아닐 수 없다. 경찰대학교 제자인 이상률(총경, 경찰청 정보1과장)의 말처럼 박효석 시인은 때묻지 않은 맑은 영혼, 순결하고 투명한 영혼, 깊은 산 속 바위틈에서 솟아나는 샘물 같은 영혼을 지닌 사람이다.

「벽시계」로 읽는 한 권의 철학

제법 오래된 책 한 권을 서가에서 꺼냈다. 『철학자의 사물들』(도서출판 동녘, 2013.4.). 저자는 시인이자 비평가, 독서광으로 널리 알려진 장석주이다. 이 책이 기억의 저편에서 나를 불러낸 이유는 이렇다. 얼마 전에 우리 문단과 인연을 맺은 마경덕 시인 때문인데, 시인은 2003년에 「신발론」으로 세계일보 신춘문예에 당선되어 문단에 나온 중견작가이다. 그의 작품 중에는 사물에 대한 남다른 사유와 애정이 고스란히 담긴 『사물의 입』이라는 시집이 있다.

마 시인은 시집 제목에서 드러나듯 온갖 사물들을 시제詩題로 삼아 다양하고 깊이 있는 시적 탐색을 펼치고 있다. 마 시인이 이렇듯 시를 통해 사물을 관찰했다면, 장석주는 철학적 측면에서 인간의 삶과 죽음, 기쁨과 슬픔, 욕망과 무의식, 꿈과 환상에 대해 말하고 있다. 동서양을 막론하고 시와 철학은 뿌리가 같은 인접 학문이다. 철학적 사유가 시의 원천임을 부인할 수 없고, 시적 영감 또한 철학의 바탕이 되기 때문이다. 이러한 까닭에 오늘은 마경덕 시인과의 인연을 핑계 삼아 일상의 사물들 속에 숨겨진 철학적 의미를 되짚어 보고자 한다.

사람은 사물을 떠나 살 수 없다. 책상 위에서 글을 쓰고 있는 지금의 나를 보아도 그렇다. 책상, 책상 위의 컴퓨터, 모니터와 자판, 전화기, 탁상용 달력, 손바닥 크기의 전자계산기, 필통, 조간신문, 물잔, 사각 화장지, 심지어 내 엉덩이를 떠받치고 있는 의자까지 사물이 아닌 것이 없다. 온통 사물에 둘러싸여 있다. 아니, 사물의 지배를 받고 있다고 해야 옳겠다. 그래서 이 책의 저자 장석주는 이렇게 말한다.

"우리는 사물들 속에서 태어나고 결국은 사물들 속에서 죽음을 맞게 될 것이다. 인생이란 곧 사물들과 함께하는 여정이다."

『철학자의 사물들』은 우리 주변에 존재하는 서른 개의 사물을 다양한 분야의 서른 명의 철학자와 연계하여 설명하고 있다. 그 조합들에는 세탁기 - 헤겔, 담배 - 프로이트, 가죽소파 - 사르트르, 거울 - 라캉 등의 중요한 현대 철학자들이 다수 포함되어 있는데, 저자는 이 서른 개의 조합을 다시 다섯 가지 유형(관계, 취향, 일상, 기쁨, 이동)으로 묶어 배치하고 있다.

그는 사물의 특성이나 외관, 용도 등에 대해 설명하고, 이 같은 사물들의 성질에 빗대어 인간의 삶과 의미에 대해서 논하고 있다. 예를 들면 이렇다. "우리는 신용카드라는 장치를 통해 이미 금융자본주의 시스템에 장악당하고 부품으로 전락했다. 내가 신용카드를 쓰는 한 내 주체적인 의지나 선택과 상관없이 나는 부채인간이고, 기계적 금융시스템에 예속된 노예이다.", "나는 휴대전화가 내 사생활에 불쑥 끼어드는 이 불시 침범이 끔찍하다. 휴대전화는 생각을 끊고, 일을 중단시키고, 생활의 질서를 헤쳐 놓는다. 그 행태가 매우 난폭하다. 나는 번번이 혼자 있을 수 있는 자유를, 고독 속에서 자아의 온전함에 침잠해 있을 수 있는 자유를 빼앗긴다.", "자동판매기는 깊이가 아예 없다. 교양과 지혜가 없고, 그것을 만들 생각도 없다. 내면으로의 여행, 사유, 멜랑콜리, 가치를 생산하는 노동에 대해서도 전혀 알지 못한다." 이같이 저자가 사물들에 대해 설명을 덧붙이는 것은 사물들 그 자체의 비인간적 면모나 몰가치를 드러내고자 하는 것이 아니라, 사물에 매몰된 인간들의 욕망에 대해서 말하기 위해서다. 그래서 저자는 "어떤 사물이 눈부시도록 아름다운 것은 그것 위에 덧없음이라는 아우라가 덧씌워져 있기 때문이다. 그 아름다움은 언젠가는 사라질 덧없음의 아름다움이다. 사물에의 매혹은 실은 그 덧없음에 홀린 매혹이다."라고 갈파하기도 한다. 궁극적으로 저자가 이 책에서 말하고자 하는 바는, 그 어떤 난해한 철학적인 문제도 우리를 둘러싸고 있는 사물들 속에 존재하고 있기 때문에 사물과 만나고 접하면서 형성된 인간의 내면과 속성에 대한 근본적인 성찰이 필요하다는 것으로 요약할 수 있다.

'시인의 삶'을 다른 말로 비틀어 표현한다면, '시를 쓰는 삶'이라고 말해도 좋을 듯하다. 그렇다면 일상생활에서 마주치는 여러 사물들을 관찰하고 그 철학적 의미를 되새기는 일은 시인이 반드시 해야 할 중요한 공부 중 하나임에 틀림없다. 하지만 사물에 대한 철학적 사유만으로 사물이 곧 시가 되지는 않는다. 우리가(아니, 독자가) 원하는 시는 철학적 함의가 있는 시이지, 말 그대로의 '철학 시'는 아니다. 마경덕 시인의 『사물의 입』은 그런 측면에서 의미하는 바가 자못 크다. 마경덕의 시는 충분히 철학적이면서 철학적이지 않아서 성공하고 있기 때문이다. 공허한 시에는 실물적 상상력이 빈곤하다는 공통적인 특징이 있다. 보지 않고 경험하지 않고 사유하지 않은 시는 성공하지 못한다. 사물에 대한 철저한 탐색과 사유만이 진정한 시인으로 거듭나는 길이다.

오늘 소개하는 장석주의 『철학자의 사물들』 중 '시계'라는 테마가 있는데, 우연스럽게도 『월간 시사문단』 4월 호에 마경덕 시인의 「벽시계」가 수록되어 있다. 마경덕의 시는 철학적으로 어떤 함의가 있을까? 장석주의 철학적 해석에 기대 마경덕의 「벽시계」를 감상해 보고자 한다.

벽에 목을 걸고 살던
그가 죽었다
벽은 배경이었을 뿐, 뒷덜미를 물고 있던 녹슨 못 하나가
그의 목숨이었던 것

생전에 데면데면 바라본 바닥은 그를 받아줄 마음이 전혀 없었다
시간의 실핏줄까지 환히 꿰더니 정작 벽과의 관계는 풀지 못하고

그는 추락했다
드러난 벽의 속살, 뒤편
직사각형 족적 하나가 필생의 흔적이었다

바닥은 허공을 받치는 기둥
조각조각 이어붙인 시간이 바닥으로 흩어지고
심장이 멎으려는 찰나 시간은 뼈를 맞추고 벌떡,

일어섰다 그리고 손목으로 옮겨와 태연히 흘러갔다

밤낮없이 분류하고 조합했던 하루들
심장을 관통하던 전율과 초를 다투던 치열함은
벽을 놓치는 순간 사라지고,

그가 평생 섬겨온 시간은
그를 기억하지 못했다

죽은 자식 불알 만지듯 묵직한 추를 만져본다
시간이 빠져나간 빈 몸
한 번도 몸 밖으로 나온 적이 없는 제 몸이 무덤이다
관처럼 기다란 나무상자가 죽은 몸을 담고 있다

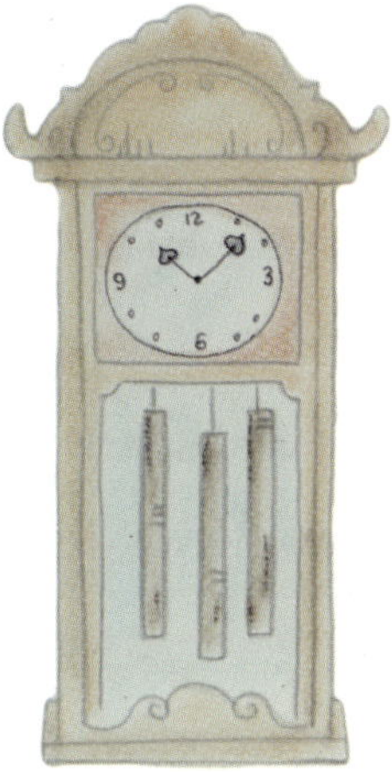

마경덕, 「벽시계」 전문

이 시에서 '죽음'은 '시간'을 의미하지 않는다. 오히려 "심장이 멎으려는 찰나 시간은 뼈를 맞추고 벌떡" 일어나서 "손목으로 옮겨와 태연히 흘러"가는 존재다. 죽은 것은 시간을 담고 있던 "직사각형의 족적 하나가 필생의 흔적"인 "나무상자"일 뿐이다. 결국 "나무상자"는 시간을 떠난 인간의

"무덤"에 다름 아니다.

그러면 시간이란 무엇일까? 장석주의 해석에 따르면 애초에 그것은 낮과 밤을 잇고, 계절의 순환을 잇고, 황도 12궁의 상징을 잇는 연결 고리로, 순환적이고 영속적인 불변의 무엇이었는데, 시계가 나오고 사람들이 시계를 통해 시간을 인지하면서 상황이 달라졌다는 설명이다. 근대 이후의 사회에서 시간은 '규칙적인 사람이 된다는 것'을 의미하고, '부르주아적 이상'이고, '성공의 확실한 상징'이 되었다. 이제 시간의 통제를 받는 문명 세계 속에서의 시간은, '시간이라는 촘촘한 그물 속'에 우리의 삶을 포획하여 묶고 가두고 지배하는 존재가 되었다.

우리들의 몸에는 그 시간이 흘러간 흔적이 고스란히 남는다. 정수리 근처의 머리가 하얗게 세고, 피부는 탄력을 잃어 주름이 많아지고, 뼈들의 밀도는 헐거워진다. 시간은 초, 분, 시간, 날, 주, 달, 해, 세기를 거치며 끊임없이 순환하는데, 그 영겁회귀 앞에서 모든 사물과 인간들은 평등하다. 만물은 그 영겁회귀 속에서 소실점을 향해 달려가고 있을 뿐이다.

시간이란 반복 가능한 분절들이고, 따라서 우리의 몸도 반복 가능한 분절들로 변한다. 세상이 복잡해지고 인간관계가 얽힐수록 이 분절은 더욱 촘촘해진다. 해마다 늘어나는 나이는 시간의 분절을 대표하는 셈법의 표본이다. 그 많은 분절들 속으로 사건과 사람들이 부침하며 흘러간다. 누구도 이 흐름을 거스를 수 없다.

인간은 결국 마 시인의 표현처럼 시간과 함께 "추락"하는 삶인 것이다. "심장을 관통하던 전율과 초를 다투는 치열"한 삶도 '죽음'이라는 소실점 앞에서 무력할 수밖에 없다. "시간이 빠져나간 빈 몸"은 그야말로 회생 불가능한 '죽음'이다.

그렇다면 시간 앞에 무력한 인간 존재에게 '삶의 의미'란 무엇일까? 신화 속의 코린토스의 왕 시시포스는 영원히 아래로 굴러떨어지는 돌을 매번 다시 굴려 올려야 하는 벌을 받게 된다. 죽을 고생 끝에 무거운 돌을 산 정상에 올려놓자마자 돌은 아래로 떨어지고, 이 무의미하고 지겨운 인생이 반복된다. 도대체 시시포스가 뭘 그리 잘못해서 이런 벌을 받아야 하는 걸까? 시시포스의 죄는 너무 영리한 나머지 올림포스의 신들을 속였다는 데에 있다. 마찬가지로 인간이 시시포스와 같은 벌을 받는 이유는 꽃이나 짐승과 달리 뛰어난 지능과 자아를 가지고 태어났기 때문이다. 시시포스가 신을 속였던 것과 같이, 우리가 우리의 삶에 대해 스스로 '왜'라고 질문하며 '삶의 의미'를 추구하는 순간, 우리는 무의미하고 지겨운 인생을 반복하며 살아가야 할 운명의 굴레를 쓰게 되는 것이다. 결국 우리는 마경덕의 시를 통해 우리에게 놓인 문제는 운명적으로 우리에게 주어진, 그래서 논리적 해결이 불가능한 '삶의 의미'를 찾는 것이 아니라, '의미 없는 삶'을 어떻게 살아가느냐 하는 문제적 질문에 도달하게 되는 것이다.

이처럼 마경덕의 시는 표면상 전혀 철학적이지 않지만 '시간'과 '시계'의 관계를 통해 인간의 '삶의 의미'를 성찰하게 하는 강력한 철학적 함의를 품고 있다. 사물에 대한 빈틈없는 관찰과 경험, 실물적 상상력을 바탕으로 무겁고 난해한 주제를 쉽고 설득력 있게 진술했을 뿐 아니라, 독자의 상상력을 자극하여 시 자체의 행간을 뛰어넘는 사유의 확장력을 드라마틱하게 보여주고 있다는 점에서 시사하는 바가 매우 크다.

장석주의 말처럼 인생이 '사물과 함께하는 여정'이라면, 더구나 그 사물이 우리의 삶과 지속적으로 영향을 주고받으며, 심지어는 우리의 삶을 지배하기까지 하는 핵심 요소라면 시인된 사람으로서 우리는 사물을 철학적 관점으로 철저하게 파악하고, 이를 시적 사유를 통해 형상화함으로써 독자들에게 새로운 삶의 가치를 제공함은 물론, 자신의 시적

지평을 넓히는 기회로도 적극 활용해야 한다.

작은 기도

내 마음에 새롭게 들어온
소중한 이름 하나 있습니다

존경한다고
사랑한다고
섣부르게 말하지 않겠습니다

그분의 희망은 되지는 못해도
그분과 함께
희망을 바라보겠습니다

그분의 행복이 될 수는 없지만
그분과 함께
행복을 생각하겠습니다

그분의 슬픔을 위해

작은 속울음이 되고

그분의 기쁨을 위해

작은 설렘이 되겠습니다

그분의 소망 가운데

작은 꽃으로 피어나

그분의 가슴에

낮은 향기로 머물겠습니다

내 마음의 소중한 이름 하나

아픈 그분을 위해

오늘은

그분의 아픈 상처가 되고 싶습니다.

문단 등단 이후 몇 번의 모임이 있기는 하였으나, 익숙하지 못한 분위기와 주변과 잘 어울리지 못하는 성격 탓으로 행동거지가 매우 조심스러울 무렵에 손을 내민 분이 시 속의 "그분"이다.

그분은 내 시답잖은 첫 시집을 보시고 "좋아요. 좋아!"를 연발하시며 직접 시 몇 구절을 언급하시기도 했다. 어디에다 말머리를 둘 곳이 없었던 나로서는 부끄러워 당황하기도 했지만, 따뜻한 그분의 마음에 금세 매료되고 말았다. 만날 때마다 온화한 얼굴에서 햇살처럼 건너오던 맑은 미소와 두 손으로 덥석 잡아끌던 뜨거운 악수를 지금도 잊을 수 없다.

그분은 등단 10년 차의 중견 시인이자, 독실한 천주교 신도로 초등학교 교장 선생님으로 재직하다 정년 퇴임을 앞두고 있었다. 학교라는 울타리를 어쩔 수 없이 벗어나야 하는 처지에서도 미래에 대한 두려움이나 불안감을 전혀 겉으로 드러내지 않으셨다. 오히려 홀가분하다며 그동안 못했던 일을 하게 되어 마음이 설렌다고 하셨으니, 듣는 입장에서는 얄밉기도 하고 부럽기도 하였는데…….

그분은 퇴임하자마자 주변의 만류를 뿌리치고 해외 봉사활동을 준비하고 있었다. 그분의 몸과 마음은 이미 만개한 5월의 붉은 장미처럼 대한민국이라는 울타리를 타고 넘어 아프리카 오지의 마을 향해 넝쿨을 드리우고 있었던 것이다. 그런데 웬일인가? 신체검사에서 재검이 나왔고, 정밀검사 결과 뇌종양 판정을 받고 말았다. 청천벽력이라고 표현해도 충분하지 못할 엄청난 사건 앞에서 가족은 물론, 나를 포함한 문단 식구들의 슬픔은 이루 말할 수 없었다. 뇌종양 판정을 받고 며

칠 뒤에 열린 그분의 두 번째 시집 『바람이었어요』 출판기념회에서 나는 그분의 허허로운 모습에 말문이 막혀 제대로 된 위로 한 마디 건네지 못한 채 서울을 떠나야 했던 기억이 아프게 다가온다.

이제 그분은 없다. 1년도 안 되는 짧은 요양 기간 중 한때 희망을 보기도 했지만, 그분은 두 번의 수술 끝에 돌아올 수 없는 먼 곳으로 영원히 떠났다.

이 시는 그분의 첫 수술을 앞둔 어느 날의 출근길 흔들리는 버스 속에서 간절히 기도하는 마음으로 쓴 시이다. 존경할 틈도 사랑할 시간도 남겨두지 않고 훌쩍 가 버린 그분. 함께 희망을 바라보고 행복을 이야기하며, 서로가 서로에게 슬플 때는 작은 속울음이 되어 주고 기쁠 때는 작은 설렘이 되어 주고자 했는데, 그분의 가슴에서 작은 꽃으로 피어나 낮은 향기로 잔잔하게 머물고자 했는데……. 그분이 떠난 빈자리가 너무 크다. 온통 상처로 앓고 있다.

막차

깊은 밤 어둠 속에서 막차를 탔어요

외로워서 그랬을까요

차창에 뜬 시린 달빛에

빈 의자에 스민 달빛이

문득 슬퍼졌어요

빈자리를 하나씩 옆에 끼고서

모두들 허수아비처럼 쓸쓸하네요

모두들 누군가와 함께하고 싶은데

따뜻하게 손 한 번 잡지 못하고

오순도순 저녁 한 끼가 그리운 사람들……

너무 서러워 마세요

녹슨 슬픔이 붉은 눈물로 흘러내리는

살다 보면 괜스레 그런 날 있잖아요

아프지 않기 위해 오늘도 아파하면서

다들 그렇게 살고 있어요

지치고 힘든 어깨 꼬옥 안아 주세요

다가올 내일은 고스란히 행복일지도

아직은 모르잖아요

오늘 우리를 데려온 이 막차도

내일 아침 첫차로 다시 출발하듯

그래요, 아닌 척

내일 아침 우리, 첫차로 다시 만나요.

"녹슨 슬픔이 붉은 눈물로 흘러내리는/ 살다 보면 괜스레 그런 날 있잖아요"

네, 그럼요. 살다 보면 누구나 그런 날 있어요. 이유 없이 문득 슬퍼지는 날. 세상의 화면이 일시에 흐려지고, 떠오르는 영상들 속에 가파른 삶의 구석구석이 초라하게 다가와요. 이미 저세상으로 가버린 부모님, 따뜻하게 손 한번 잡아 주지 못했던 아내와 이제는 다 커 버려 서먹하기만 한 자식들의 얼굴 속에 내 삶이 웅크리고 있어요. 내일은 아프지 않기 위해 매일매일 아파하면서 살아왔는데, 오늘도 그 아픔이 계속되고, 내일도 오늘과 다르지 않을 거라는 뼈아픈 절망이 흐르는 눈물에 눈물을 더해요.

가끔 막차를 타는 때가 있어요. 늦은 밤 텅 빈 거리를 터벅 터벅 걷는 내 발자국 소리를 들으며 터미널에 도착해 무인발매기에서 표를 뽑아 버스에 오르면, 몇몇 사람들이 빈자리를 하나씩 옆에 끼고 허수아비처럼 쓸쓸하게 앉아 있어요. 멍한 눈빛과 표정 없는 얼굴들이 말을 건네 오는 듯해요. 나도 당신처럼 아프다고, 다들 그렇게 살고 있다고 중얼거려요. 달빛에 눈물이 섞인 흐릿한 동공들이 나를 꼬옥 안아 달라고 말해요. 아니에요. 실은 내가 그들에게 그런 표정으로 말하고 있어요.

그래요. 우리 서로는 말 없는 말 속에서 서로의 어깨를 꼬옥 껴안으며 다가올 내일은 고스란히 행복일지도 모른다고 한 가닥 희망을 속삭이고 있어요. 헛된 희망일지라도 희망만은 결코 포기할 수 없다고 서로를 응원하고 위로하는 목소리가 들려요.

까닭 없이 이유 없이

오늘도 백제교 서신교 다가교 어은교 매곡교를 지나간다
벗은 발로 헤엄치는 겨울철새들은 굽은 강을 흘러가고
버드나무 고스러진 긴 머리채 바람 따라 너울댄다

남부시장 북새통에 떠밀려 싸전다리를 건너면
먼발치 초록바위 언덕 위에 오래된 처녀들
안개 속 흐느적 월아요배月娥遙拜라도 하는가
달빛 취한 천년의 숨결 나를 껴안는다

절벽 위에 소슬한 한벽당에 오르자
남천교 청연루는 무지개다리 위에 우뚝 서고
좁은목 휘모는 바람에 승암산 한 자락이 두세두세 말을 건다
한벽당 편액을 내건 이가 강암우수剛菴迂叟라고 했지
서늘한 돌계단에 지친 다리 쉬노라면

세상 물정 몰라도 좋으리라

속지를 건너 성지로 들어가는 치명자산 입구
골고다 십자가 길 위에 노을 붉게 누웠는데
차마 그 문턱 넘지 못하고 원당마을 속세를 지날 뿐이다
남고산성 산 그림자에 몸을 기댈 뿐이다

오늘도 이렇게 전주천 삼십 리 길 닳았는데
남은 건 매번 돌아갈 삼십 리 길뿐
무엇이더냐?
까닭 없이 떠났다가 이유 없이 돌아가는
홀로 선 내 그림자는
반짝반짝 눈물 찍어 내며 저물어 가는
저 강물, 저 서러움은.

지병 때문이기도 하지만 전주천을 걷는 것은 내 일상이 된지 오래다. 수십 개의 다리 밑을 지나며 흐르는 강물을 거슬러 올라가다 보면 남부시장이 나오고, 한옥마을의 고풍스러운 자태가 눈에 들어온다. 남천교 무지개다리는 노을 속 풍경이 장관이다. 교각 위에 소슬한 누각 한 채를 앉힌 특별한 조

형 때문에, 거기에 노을빛 한 자락이 여인의 머플러를 걸친 듯 소담하게 내려앉으면, 그 품에 안겨 깊은 밤의 은밀한 사연이라도 나누고 싶어진다.

한여름에도 뙤약볕을 마다하지 않고 걷고 또 걷는 것은 한벽당의 남다른 정취 때문이다. 한벽당 돌계단에 앉으면, 엉덩이를 타고 전신으로 저릿하게 퍼지는 그 한기는 말 그대로 뼈저리다고 표현할밖에 다른 도리가 없다. 게다가 한벽당 마룻바닥에 아무렇게나 잠들 듯 누워 있으면, 좁은목을 타고 와 암벽에 부딪히며 용솟음치는 찬바람이 젖은 머리카락과 온몸의 땀을 순식간에 앗아가면서 마음속 시름조차 말끔히 씻어낸다.

그렇게 누운 채로 한벽당 편액을 바라보는 재미도 만만치 않다. 천년고도 전주가 낳은 걸세출의 서예가 강암 송성용 선생의 붓글씨 한 편이 푸른 하늘을 배경으로 고요히 날갯짓을 펼치고 있기 때문이다. 강암 스스로 자신을 낮추어 부른 '우수迂叟'라는 그 말에 문득 가슴 한쪽이 맺힌다. 그 누구도 필적할 수 없는 한국의 대 서예가인 그가 '세상일에 어두운 늙은이'를 자처했으니, 그 겸손한 성품에 나의 오만을 어디다 두어야 할지 한동안 막막한 심정일 때가 많다.

그런저런 헝클어진 생각으로 한 걸음 두 걸음 옮기다 보면 치명자산 입구에 도달한다. 나는 거기서 걸음을 되돌린다. 감히 그 십자가 길을 오를 수가 없다. 무게를 가늠할 수 없는 죗값이 나를 억누른다. 더구나 그 길 위에 노을이라도 붉게 누울라치면 내 가슴은 울음으로 가득 차고 만다. 어쩔 수 없이 속세의 원당마을을 지나 남고산성을 바라보면서 나의 하루는 그렇게 저물고, 나는 다시 돌아갈 삼십 리 길 위에 무겁게 놓인다.

인생이란 그런 것인가? "까닭 없이 떠났다가 이유 없이 돌아가"야 하는 이 길처럼.

눈물이 꽃 피는 사연

포장마차 빈 술병에 눈물 고인 밤
길 떠나는 두루미가 목이 말라서
별을 따다 별을 담아 별빛 채우고
눈물 쪼아 눈물 먹고 목이 젖어서
하늘하늘 하늘에서 하늘거리다
구름 되어 소나기로 한바탕 울면
밤새 앓다 지친 나무 꽃이 벙글고
출근길 한 사내가 꽃 보고 웃네.

오늘 내가 누리는 이 기쁨이, 어젯밤 낮게 불을 밝힌 포장마차에서 술잔을 기울이던 낯선 남자의 슬픔에서 비롯되었을지도 모른다고 생각한 적이 있다. 우리가 인지할 수 없는 우주의 조화로 그 남자의 눈물이 구름이 되고 비로 내려 한 송이 아름다운 꽃을 피우고, 출근길에 우연히 그 꽃을 바라보며 웃는 나를 상상하면서 기쁨은 슬픔과 크게 다르지 않다는 것을 깨닫는다.

그래서 나의 기쁨이 언제든지 내가 모르는 타인에게 슬픔을 가져다줄 수 있고, 나의 슬픔이 곧 타인의 기쁨이 될 수 있다는 것을 다시 한번 되새기며 기쁨 앞에 겸손하고 슬픔에 주저앉아 좌절하지 않기를 다짐한다.

희망으로 가는 길

내가 깊은 뿌리로 어둠을
스스로 내려가지 않는 한
저 숲의 울창한 나무들처럼
누가 나를 푸르게 하겠는가

네가 뜨거운 햇살과 거친 바람을
꿋꿋하게 견디며 가지 않는 한
낙엽으로 뒹굴며 가지 않는 한
누가 너를 열매 맺게 하겠는가

저 밤하늘의 별들처럼
누가 우리를 반짝이게 하겠는가
우리가 서로를 끌어안고 어둠 속을
스스로 가지 않는 한.

새해 첫날은 어제지만, 직장인들의 새해는 오늘부터다. 오늘이라고 해야 어제하고 크게 다를 바는 없다. 어제 하던 일을 오늘 또 하고, 어제 만났던 사람을 오늘 또 만난다. 하지만 새해라는 이미지는 남다르다. 지금까지 해왔던 모든 일에 종지부를 찍고 다시 시작할 수 있다는 점에서 매력적이지 않을 수 없다. 잘한 일은 잘한 대로 부족한 것은 부족한 채로 접어두고 떠오르는 새해의 태양을 바라보며 희망을 이야기할 수 있어서 설레고 두근거린다.

희망의 에너지로 가득한 오늘의 이 기운이 일 년 내내 지속되어 슬픔과 고난이 닥치더라도 굴하지 않고 꺾이지 않기를 간절히 바란다. 어둠 속의 뿌리가 나무를 키우고 숲을 이루고, 뜨거운 햇살과 거친 바람이 열매를 맺게 하며, 별은 어둠 속에서만 빤짝일 수 있다는 것을 우리 모두 잊지 말았으면 좋겠다.

아내의 아픈 다리

"아프다, 마음이 아프다"

네 마음에는 다리가 없구나
네 아내는 다리가 아프다
마음이 아니라
다리가 아프다
땅을 딛고 걷는 다리가
계단을 오르는 다리가
네 밥상을 차리는 다리가
너를 견디느라
네 지친 삶을 끌고 가느라
세상의 절벽이 고단한
네 아내는 다리가 아프다
오늘은 네 성한 두 다리로
아픈 아내를 등에 업고

아내의 아픈 다리가 되어라

세상의 아픈 다리가 되어라

아프게 절벽을 기어오르는

누군가의 사다리가 되어라

"그래도 아프냐?"

절룩거리는 아내의 다리를 보노라면 마음이 아프다. 가끔 아내의 몸무게를 탓하며 빈정대기도 하지만, 어디 다리를 아프게 한 원인이 몸의 무게 탓만이겠는가. 가파른 세상 속에서 남편으로서 제대로 울타리도 버팀목도 되어 주지 못한 내 탓이 절반은 훌쩍 넘으리라.

내 슬픔은 언제나 아내의 슬픔이기도 했지만, 정작 아내가 슬플 때는 나는 내 슬픔이 더 커서 아내의 슬픔을 외면했고, 늘 곁에 있는 아내 때문에 외롭지 않았으나 아내가 외로울 때 나는 아내의 외로움을 덜어 주지 못했다.

나는 허약하고 값싼 감정으로 아내를 괴롭혔고, 헌신을 강요하고 책임을 전가했다. 밖에서 먹구름처럼 떠돌다가 집 안으로 폭풍과 소나기를 몰고 왔으며, 아내는 그런 위태로운 세간을 지키기 위해 늘 몸부림쳐야 했다. 절망이 고인 구석구석을 희망으로 다시 채우고, 슬픔을 적셔서 기쁨을 닦았다. 고통은 늘 자기 몫으로 끌어안고 기쁨은 내 몫으로 돌렸다. 아내는 먼지같이 보잘것없는 내 존재를 맑게 드러내는 햇살같이 귀중한 사람이 아닐 수 없다.

꽃 지고 사랑 떠나면

꽃 지면

나무는 잊힐까 싶어

더욱

몸부림인데

꽃 떨군 나무는

다만,

초록일 뿐

그 흔한 숲일 뿐

그대 떠나면

사랑이 잊힐까 싶어

더욱

몸부림인데

그대 떠난 나는

다만,

사람일 뿐

그 흔한 사람일뿐

꽃 떨군 나무야!

그대 떠난 내 사람아!

우리 서러워 말자

나무는 온몸으로 꽃인 것을

사람은 온몸으로 사랑인 것을.

나는 꽃 이름을 잘 모른다. 길거리에서 흔히 볼 수 있는 꽃들도 제대로 구분하지 못해 민망한 적이 한두 번이 아니다. 오랑캐꽃과 제비꽃이 같은 꽃이라는 것도 최근에 알았을 정도이다. 휴대폰으로 야생화 애플리케이션을 내려받아 검색해 보고 관련되는 책도 여러 권 뒤적거렸지만 별로 나아지지 않는다. 꽃을 모른다고 누가 탓하는 것은 아닐 테지만, 문득 부끄러운 생각이 들 때가 많다. 꽃도 모르는 게 시인이라니!

아무튼 꽃은 나무의 상징이다. 나무마다 그 나무의 모양과 빛깔과 향기에 알맞은 꽃을 피우고 그런 여러 특성에 따라 꽃의 이름이 명명된다. 그러기에 사람을 모두 사람이라고 부르지 않듯 꽃도 꽃이라는 일반명사로 통칭해서는 곤란하다. 부재의 존재인 '꽃'과 '나'의 관계는 김춘수 「꽃」처럼 "내가 그의 이름을 불러 주었을 때" 비로소 시작되는 것이고 "잊혀지지 않는 하나의 의미"로 다가오는 것이다.

그런데 꽃이 나무의 전부는 아니다. 극단적으로 이야기하면 꽃은 한때 피었다 지는 이벤트에 지나지 않는지도 모른다. 하지만 나무는 꽃이 피고 지는 것과 관계없이 결코 사라지거나 잊힐 수 없는 존재이다. 꽃은 나무의 비유나 상징의 대상일 수는 있어도 결코 나무의 본질이 될 수 없다는 말이다.

예전에 가까운 동료들과 함께 등산을 한 적이 있다. 때는 늦가을이라 간혹 붉게 물드는 단풍은 볼 수 있었으나 꽃 피는 풍경은 어디에서도 발견할 수 없었다. 앞서거니 뒤서거니 걷던 한 동료가 발길을 멈추고, 등산로 한 편에 있는 나무를 가리키며 저것이 무슨 나무인지 아느냐고 물었다. 그는 대답하지 못하고 머뭇거리는 나를 보며, 그 흔하디흔한 개나리라고 말했다. 그는 또 개나리도 모르는 딱한 나의 처지를 위로하려는 듯이, 아는 사람이 그리 많지 않다고도 덧붙였다.

이렇듯 나를 비롯한 대부분의 사람들은 나무를 바라볼 때 나무 자체보다는 꽃에 시선을 집중한다. 그러다 보니 꽃이 지면 나무는 모두에게 잊힌 존재가 되고 만다. 그러나 나무는 꽃이 떠난 뒤에도 한자리에 뿌리를 내리고 생명이 다하는 날까지 나무로서 본래의 삶을 지속한다. 나무의 아름다움은 한때 화려하게 피었다 지는 꽃이 아니라, 어려움을 극복하고 외부의 환경에 적응하며 성장을 거듭하는 생명력에 있다.

사람도 마찬가지이다. 나무가 한때 아름다운 꽃과 무성한 녹음으로 빛날 수 있는 것처럼, 사람도 청춘과 사랑과 돈과 명예로 한때를 멋지게 치장할 수 있다. 그러나 그러한 것들은 사람의 본질이 아니기 때문에 영원히 지속될 수 없다. 청춘과 사랑은 지는 꽃이고 돈과 명예는 한때 단풍으로 붉게 물들었다 떨어지는 낙엽에 불과하다. 사람의 본질은 전 생애에 걸쳐 변함없이 '나' 자체로 남아있는 '유일무이한 나'이며, 한때의 꽃처럼 덧없는 욕망에 시들지 않고, 내가 나로서 올곧게 서서 '참된 나'를 발견하고 참된 내가 될 수 있도록 끊임없이 노력하는 데 있다. 나는 누구의 비교 대상도 아니고, '나로써 내가 사는 고유하고 존엄한 존재'임을 깨닫고 온몸으로 나 스스로를 사랑하고, 진정한 사랑을 위해 헌신하는 것만이 사람다운 사람으로 살 수 있는 유일한 길이 아닌가 생각한다. 꽃이 져도 나무는 '온몸으로 꽃'이고, 사랑 떠난 사람도 '온몸으로 사랑'인 이유가 바로 여기에 있다.

봄이 오는 길목

따뜻하고 부드러운 몸짓으로
햇살이 자맥질하고
바람과 햇볕이 만나는 숲길에서
높은음자리로 새들이 웃는다

봄을 만나 꽃이 피고
꽃을 찾아 나비가 길을 떠난다

봄 속에 꽃
꽃 속에 나비
서로가 한 몸이듯

나도 오늘은 봄을 만나
사랑으로 꽃피고 싶다
사랑의 체위로 수줍게 누워

은은한 향기로 너를 안고 싶다.

어제 봄눈이 내리더니, 오늘은 가까운 지인이 보낸 그림엽서 한 장이 봄소식을 전해 준다. 복수초는 벌써 노랗게 꽃을 내밀었고, 남녘의 매화도 한창이란다. 양지바른 내 마음속에도 기쁨이 싹트는 소리가 들린다.

"봄 속에 꽃"도 "꽃 속의 나비"도 이제 한 몸이 되겠다. 나도 오늘은 봄을 찾아 길을 떠난다. 봄을 만나 봄의 품속에서 한 송이 꽃처럼 아름답게 피어나고 싶다. 꽃 속의 나비처럼 화사하게 사랑을 춤추고 싶다.

너희 앞에 흘릴 눈물

– 304인의 세월호 영령들과 그 유족들을 위한 소고

더 이상 눈물 없는 곳
그곳이 천국이라면
우리는 가지 않을 거야
너희 앞에 흘릴 눈물
아직, 남아 있으니

길을 찾을 거야
너희에게 가는 길
기필코, 우리는
다시 만날 수 있을 거야
다시 느낄 수 있을 거야
사랑해 미안해
함께할 수 없어서
지켜 주지 못해서

너희 없는 세상,

보람 없는 세상살이

절망할 때도 있겠지

주저앉을 때도 있을 거야

그때 손을 잡아줘

우리가 바로 설 수 있도록

영원히,

너희 곁에 머물 수 있도록

눈물 없는 저, 먼 하늘

저곳이 천국이라면

우리는 무엇으로 울까

너희 앞에 흘릴 눈물

오늘도 여전히

흐득흐득, 남아 우는데.

맹골수도 앞자락에 떠오른 세월호의 닦아 낼 수 없는 고통과 슬픔을 바라보며 오늘도 눈물을 섞는다. 내가 할 일은 그것밖에 없다. 그래서 더욱 서럽다.

그날의 노란 리본도 제대로 간직하지 못한 내가, 무엇으로 그들의 슬픔을 말할 수 있을까. 생각하면 노란 리본조차 나를 위한 장식물에 불과했다. 자기 비하와 무기력으로부터 탈출하기 위한 변명.

1073일. 떠오르는 세월호를 보며 "왜 이렇게 갑자기 인양됐지?"라고 의심을 품었던 나는, 쫓겨난 권력이 뱃머리를 짓누르고 있지 않았냐고 항변하고 싶었다. 그동안 뭐하고 있었냐고 탓하고도 싶었다. 그러나 그것은 나의 무관심을 덮으려는 얕은 수작일 따름.

"벌써 3년이 지났네"라고 말하고 있을 때, 그들은 녹슬고 허물어진 세월호처럼 몸부림칠수록 더 깊어만 가는 고통의 늪에서 허우적거리고 있었다. 나는 너무 쉽다. 내 고통만 바라보고 사는 내가 너무 싫다. 내 마음의 밑바닥이 공허하고 처연하다.

쇠비름 비빔밥

그때는 몰랐다, 흔한 게 귀한 건 줄
고마워할 줄 몰랐다
흔하지 않은 특별한 맛만 찾다가
병들고 지친 여름, 비로소
쇠비름과 함께 돌아가신
외할머니 생각이 난다
쇠비름 이야기를 하면 사람들은
그것도 먹느냐고 비아냥거리지만
입안에 벌써 침이 고인다
마음밭에 벌써 쇠비름이 무성하다
보리밥에 삶은 쇠비름 한 줌 얹으면
떠나가신 외할머니 눈물이 흐르는
서녘 하늘 저 노을빛
고추장처럼 붉게 물든다
참기름처럼 고소하게 섞인다

아, 깊고 아득한 이 맛!

너무 흔해서 마구 짓밟혀도

금세 일어서는 멍 푸른 영혼들

병들고 지친 내 몸을 쓰다듬나니

흔하디흔하여 세상에 짓밟힌 나도

쇠비름 풋풋한 영혼으로 다시 깨어나

흔한 게 귀한 건 줄 아는

그대의 입안에 가득,

아득한 사랑으로 맛들고 싶다.

예년에 비해 올해의 장마는 길고 험하다. 연일 국지성 호우가 이곳저곳을 기습해 깊은 상처를 남기고 있다. 게다가 기온이 연일 30도를 웃돌다 보니, 비 온 뒤에도 후텁지근함은 가라앉지 않는다. 지친 몸에다 불쾌지수가 치솟아 아무렇지도 않은 일에 신경질적으로 반응하게 된다. 낮에는 시들시들 졸고, 밤에는 제대로 잠들지 못하는 날들이 계속된다. 이제는 온몸이 시든 배춧잎처럼 늘어졌다. 입맛도 저만치 달아나 먹는 일조차 귀찮다. 아내가 콩국수를 비롯해 입맛을 돋우는 여러 가지 특별한 음식을 내놓지만 아예 수저조차 들기 싫다.

그때 슬그머니 생각나는 게 있다. 외할머니가 어릴 적 한여름의 무더위 속에서 만들어 주신 쇠비름 비빔밥이다. 보리밥에 삶은 쇠비름을 두어 줌 얹고, 고추장과 참기름 몇 방울을 넣어 쓱쓱, 비벼 내놓았던 그 쇠비름 비빔밥 말이다.

쇠비름은 길가나 언덕, 논두렁과 밭두렁을 가리지 않고 잘 자라는 흔하고 못난 잡초이다. 쇠비름은 농사짓는 사람들에게 성가신 존재이다. 쇠비름이 무성한 곳에는 다른 작물이 도저히 자랄 수 없었으니 그럴밖에.

그런 탓이었을까? 그때는 그 맛을 몰랐다. 까끌까끌한 보리밥에 미끌미끌한 쇠비름 특유의 질감이 서로 섞이지 못해 입안에서 겉돌았고, 매운 고추장으로 인해 얼얼하기까지 했으니, 더욱 멀리했으리라. 그래서 외할머니가 쇠비름 비빔밥을 내오는 날이면, 나는 숟가락을 내동댕이치며 투정을 부리곤 했다.

그런데 입맛을 잃고 지친 올여름에는 유난히 외할머니가 억지로 내 입에 떠 넣어 주셨던 그 맛이 생각난다. 미끌미끌하고 매운 것 외에는 별다른 맛이 없는 쇠비름 비빔밥. 그 맛없는 맛의 깊고 아득함이 나를 유혹한다. 흔한 게 귀한 건 줄 알았던 외할머니만큼이나 나도 나이가 들어간다는 신호일까? 아니면 쇠비름처럼 흔하고 못나게 살아온 내 삶에 대한 위안일까?

Hidden Figures

여성들의 이야기이긴 하지만 이 말이 눈에 확 들어왔다.

"누구의 도약이든, 우리 모두의 도약이야."

극한 경쟁에 시달리는 요즘의 시대에 한 바가지 샘물처럼 신선한 말이 아닐 수 없다.

지난달 개봉해 꾸준히 흥행을 이어가고 있는 '히든 피겨스 Hidden Figures'라는 영화 이야기이다. 이 영화는 미국과 소련의 우주개발 경쟁이 정점을 치닫던 1960년대 미 항공우주국(NASA)에서 활약했던 흑인 여성 3명의 활약상을 다루고 있다.

영화는 스스로를 "살아 있는 불가능"이라고 치부했던 이들이, 인종차별과 여성이라는 이중의 장벽을 어떻게 극복하는지 실감 나게 그리고 있다. 유색인종만 이용하는 화장실에 가려면 20분을 달려야 하고, 백인 동료들과는 커피포트조차 함께 사용할 수 없었던 이들의 굴복하지 않는 정신력과 건강하고 씩씩한 발걸음이 매우 인상적이었다.

50년대 미국 흑인 여성들이 보여주는 이 같은 생존 전략은 남녀 임금 격차와 유리천장지수가 모두 최악인 우리나라 여성들에게 여전히 특별한 느낌으로 다가오겠지만, 남녀차별의 관점에서 보지 않더라도 우리 사회에 시사하는 바가 매우 크다.

도로시 본이 NASA에 IBM 컴퓨터가 도입되면서 흑인 여성 계산원들이 실직 위기에 처하자 함께 컴퓨터 프로그램을 배우며 위기를 극복해 가는 장면은, 지금 당장 우리가 처한 현실을 보는 것 같아 가슴 아팠다.

우리는 위기가 닥치면 일자리를 나누고 고통을 분담하는 지혜를 찾기보다 구조조정이라는 손쉬운 방법을 택한다. 전문성 없고 생산성이 떨어진다는 이유로 함께 일했던 직원들이 하루아침에 내쫓기는가 하면, 정규직보다 비정규직을 채용하여 손실을 보전하거나 이익을 남기는 데 익숙해져 있다.

과도한 경쟁도 문제다. 밥 먹는 일(이것도 일이라고 친다면 말이다.) 말고는 모두가 경쟁이 아닌 것이 없다. 가족 말고는 모두가 경쟁의 대상이다. 1등에게 부와 명예와 모든 혜택이 집중된다. 1등이 아니면 낙오자 취급을 면하기 어렵고 도태될까 두려워 늘 눈치를 보며 살아남기 위해 몸부림쳐야 한다. 이같이 소수를 위한 경쟁이 다수의 실패자를 낳는다면, 그것은 실패한 경쟁이다. 잘 살지 못해서 문제가 아니라 '나만' 못산다고 생각하기 때문에 항상 문제가 된다. 모두가 성공하고 공존하는 경쟁 게임은 과연 없는 것일까? “누구의 도약이든 우리 모두의 도약”이 될 수 있는 차별 없는 사회 말이다.

컨택트

영화는 각박하고 숨 막히는 현실에서 잠시나마 벗어날 수 있는 휴식과 위안의 대안으로써 손색이 없다. 게다가 SF 영화는 상상 속의 세계를 들여다보는 재미 또한 만만치 않다. 하지만 가끔은 이런 종류의 영화는 너무 어렵거나 지나친 과장과 허술하고 엉성한 짜임새 때문에 보고 나면 실망하는 경우가 많다. 이 영화와 제목이 비슷한 '콘택트'의 경우는 어려워서 문제가 된 영화이다. 웬만한 과학적 지식과 눈썰미가 없으면 견딜 수 없을 정도로 어렵다. 그런데 아이러니하게도 콘택트는 우리나라에서 크게 흥행했다. 지적 호기심과 교육열이 강한 특유의 민족성 탓일까? 잘 모르겠다. 아무튼 내가 충분히 이해하고 재미있게 볼 수 있는 영화는 아니었다고 말해 두고 싶다.

그러나 같은 SF 영화이고 이름마저 비슷한 이 영화 '컨택트'는 비교적 쉽고 재미있고 유익함을 골고루 갖춘 수작이라고 할 만하다. 이 영화의 원제는 'arrival'인데 배급사에서 국내로 들여오면서 제목을 살짝 비틀었다. 기존 영화(콘택트)의 흥행에 기대기 위해 제목을 바꾸었다는 후문에 달갑지 않은 마음이 없지 않았으나, 영문 원제는 우리에게 너무 익숙하지 않은 단어이고 '도착'이라는 일상어는 영화의 분위기를 제대로 반영하지 못한다는 점을 고려하면 배급사의 입장을 이해하지 못할 정도는 아니다.

이 영화는 동종 계열의 SF와는 달리 전쟁이나 폭력 장면이 많지 않은 비교적 조용한 영화이다. 영화에서 흔히 다루지 않는 '시간'과 '언어'가 이 영화를 이끌어가는 핵심 고리라는 점도 호기심을 자극하기에 충분하다.

어느 날 지구 곳곳에 12개의 우주선이 도착하고 외계인과의 접촉이 이루어진다. 주인공인 언어해석학자 루이스 뱅크스가 (7개의 다리가 달린 문어라는 의미의)헵타포드라는 우주인의 언어를 해독하는 작업에 직접 참여하면서 영화는 본격적으로 전개된다.

그들의 문자는 지구인의 그것과 완전히 다른 구조이다. 지구의 문자가 시간과 독립적인데 반해, 그들의 문자는 시간과 밀접한 관계를 맺고 있다. 시간의 흐름 역시 지구의 시간과는 전혀 다른 개념이다. 과거 현재 미래가 순차적으로 이어지는 지구의 선형적 시간과는 달리, 우주인의 시간은 원형의 순환

구조이다. 따라서 우주의 문자를 이해하면 자연스럽게 미래를 예측할 수 있게 된다.

주인공 루이스는 이안 도널리와 함께 우주선의 외계인인 코스텔로와 애벗의 도움을 받아 우주의 언어를 습득함으로써 미래를 들여다볼 수 있는 능력을 습득하게 된다. 루이스는 이 능력을 활용하여 우주인과의 접촉과 우주 언어의 해석 과정에서 발생한 오해, 가령 "use weapon"(신기술을 선물하겠다.)을 "무기를 쓰다"로 잘못 해석하여 불안과 폭력이 야기되는 사태를 해결하는가 하면, 일촉즉발의 전쟁 위기를 모면하는데 공헌한다. 결국에는 우주인이 지구에 온 이유, 즉 "그들(헵타포드)이 인류를 돕는 것이고 3000년 뒤에는 그들이 인류로부터 도움을 받을 것"이라는 선한 목적을 밝혀냄으로써 인류는 예전의 평화를 되찾을 수 있게 된다.

우주선이 지구를 떠난 뒤, 주인공 루이스는 딸이 희귀병으로 죽고 남편 이안과도 이별하게 되는 불행한 자신의 미래를 알고 고민에 빠지지만, 그럼에도 불구하고 영화는 루이스가 자신의 불행한 미래를 안고 사랑을 고백하는 이안 도널리의 품에 안기는 장면으로 클라이맥스를 장식한다.

하지만 루이스의 이런 비합리적인 선택은 낭만적이지만 그것은 영화적 이야기일 뿐이다. 미래 예측이 가능해진 사회에서 인간의 선택과 자유의지는 무의미하다. 미래를 알면 미래를 바꾸거나 미리 대비할 수 있다는 말 자체도 궤변일 수 있다. 바뀌는 미래 역시 이미 결정된 미래이기 때문이다. 결정된 미래를 위해 우리는 무엇을 어떻게 해야 할 필요성을 전혀 느끼지 못한다. 그런 측면에서 이 영화는 절망적이고 염세주의적 성향이 강하다고 하겠다.

그러나 역설적으로 이 영화는 인류에게 과도하게 미래에 기대지 말라는 경고를 던지고 있다. 때로는 전문가라는 직분을 이용해 파괴적인 미래 상황을 연출하여 사회를 불안과 공포로 몰아넣거나 여론을 호도하는 경우를 종종 볼 수 있기 때문이다.

우리가 알든 모르든 미래는 달라지지 않는다. 과거가 현재의 흔적이듯 미래도 현재의 산물에 불과할지도 모른다. 인간 존재는 현재에 살고 현재에 죽는다. 현재를 열심히 사는 삶만이 행복하고 가치 있는 미래의 삶을 소유한다고 생각한다. "앉은 자리 선 자리를 보라"고 일갈했던 장일순 선생이 지적한 바와 같이, 부나방이 불빛을 쫓는 것처럼 미래를 기웃거리는 사람은 자신의 미래를 망치게 될 것이다.

패신저스

설정과 상상력이 빛나는 영화이다. 우주에 식민행성 홈스테드2를 개척하고, 그곳으로 지구인이 진출한다는 발상은, 지구라는 공간적 한계를 극복하고 지구인의 삶을 우주적으로 확대하려는 인류의 야망에 부합하는 참신한 아이디어이다. 120년에 걸친 긴 항해로 인해 오천 명의 탑승객 모두가 동면할 수밖에 없다는 설정과 항해 중 한 남자(주인공, 짐 프레스턴)가 기기 작동 오류로 동면에서 깨어나면서 전개되는 이야기도 충분한 흥미 유발 구조를 갖추고 있다.

볼거리도 풍부하다. 블록버스터답게 우주선 아발론호의 웅장한 외양미와 더불어 내부의 첨단 장치들은 우리의 상상력을 뛰어넘는다. 이 영화의 다양한 우주 장비들과 배우들을 통한 간접적 우주 경험은, 인간을 단순한 환상이 아니라 합리적이고 과학적인 상상력을 기반으로 우주 세계로 안내하는 사다리 역할을 한다는 점에서 시사하는 바가 적지 않다. 수영하던 여주인공 오로라 레인이 중력으로 사라지면서 물방울 속에 갇히는 장면은 지적 호기심을 체험으로 뒷받침하는 명장면이 아닐 수 없다.

하지만 이 영화는 여러 장점에도 불구하고 흥행에 실패했다. 관객이나 영화 평론가들의 평가도 밑바닥 수준이다. 왜일까? 문제는 빈약한 스토리에 있으나 풍부한 이야깃거리는 논외로 치더라도 싸구려 삼류영화에나 나올 법한 남녀 간의 과도한 애정행각은 우주 공간을 다루는 SF 영화에 전혀 어울리지 않는다. 반전이 없다는 것도 큰 흠이다. "이건 단순한 사고가 아니다."라는 그럴듯한 떡밥을 뿌려놓았지만, 운석과의 충돌이 사고의 원인으로 밝혀짐으로써 영화의 긴장감이 무너지는 우를 범하고 말았다. 우주 공간에 식민행성을 개척할 정도의 최첨단 기술력으로 제작한 우주선이 단 한 번의 충돌로 핵심 장치에 심각한 손상을 입었다는 점도 쉽게 이해되지 않는 대목이다. 오히려 사고의 원인을 단순한 충돌이 아닌, 식민행성을 지배하려는 음모나 갈등으로 설정하여 이를 반전으로 연계하는 뻔한 상상력이라도 동원했더라면 하는 강한 아쉬움마저 남는다. 더구나 기기 작동오류로 동면에서 깨어난 짐 프레스턴이 여자 승객인 오로라 레인을 동면에서 임의 해제시키는 장면은 도덕적 논란의 대상이 되었다. 이는 예민한 페미니즘 성향의 관객이나 평론가들로부터 강한 반발을 야기하는 빌미를 제공했다는 점에서 신중하지 못한 연출이라는 지적이다.

결국, 이 영화는 앞서 열거한 여러 한계로 인해 일억천만 불의 제작비와 특급 배우들을 투입하고도 한국영화시장에서 백만 관객에 미치지 못하는 초라한 성적에 만족해야 했다. 그러나 탄탄한 스토리나 말초신경을 자극하는 흥미 위주의 측면에서는 후한 점수를 주기 어렵더라도 인간의 삶을 본질적으로 탐구하고자 하는 중량감 있는 주제는 흥행의 성공 여부와 관계없이 중요한 메시지를 담고 있다.

"찾아야 한다. 깨어난 이유를"이라는 이 영화의 타이틀이 의미하는 바는 단지 운석 충돌이라는 미시적 사고원인을 밝히는 데 있지 않다. 오히려 사고 이후 인간의 삶을 탐구하는 데 주안점을 두고 있다. 이 영화는 우주선의 고장 원인을 찾으려는 피나는 노력과 좌절에 이은 자살 시도, 막막한 우주 공간에서 절대 고독에 몸부림치는 주인공 짐을 통해 우리에게 '삶의 의미'가 무엇인지를 되묻는다. 페미니즘 논란을 불러일으킨 오로라에 대한 동면 해제도 실은 극한 상황에 처한 실존적 행위를 적나라하게 보여주기 위한 연출에 다름 아니다.

동면에서 임의 해제된 오로라와 짐의 만남 역시 '삶의 의미'를 찾아가는 꿈과 희망과 좌절의 여정이다. 이들은 서로 갈등하고 이해하고 사랑하는 과정을 통해 삶의 활력을 회복하고 새로운 돌파구를 찾은 듯하다. 하지만 여전히 탈출구 없는 억압된 공간과 언제 닥칠지 모르는 위험은 불안을 더욱 증폭시킨다. 더구나 이런 극단적인 상황의 지속은 이들에게 스스로 존재 자체를 부정하거나 포기하게 하는 심각성마저 내포하고 있다. 마치 신화 속 시시포스의 '의미 없는 삶'처럼. 아시는 바와 같이 시시포스는 매번 산 정상에 돌을 올려놓기를 반복하지만, 돌은 올려놓는 즉시 다시 아래로 굴러떨어지고 만다. 시시포스의 이 의미 없는 행위는 무엇을 뜻하는가? 삶은 애당초 의미 없는 것이며, 없는 의미를 찾으면 찾을수록 시시포스가 돌을 옮기는 것처럼 '의미 없는 삶'을 반복할 수밖에 없다는 뜻이다. 결국, 신화의 결론은 인생이란 존재하지 않는 '삶의 의미'를 찾는 데 있는 것이 아니라, "의미 없는 삶을 어떻게 살아가야 하는가?"로 귀착된다 하겠다. 짐과 오로라의 삶 역시 시시포스의 무의미한 삶과 다르지 않다고 볼 때 그들은 과연 어떤 선택을 할까?

이 영화가 시시포스의 철학적 의미를 반영했는지는 알 수 없다. 그러나 다행스럽게도 짐과 오로라는 '의미 없는 삶'을 반복하는 시시포스의 오류에서 벗어나 서로의 사랑을 확인(한 사람만이 동면할 수 있는 닥터독의 이용 기회를 서로가 포기함으로써)하고 우주선의 중앙홀에 초록 식물을 키우며 생을 마감하게 된다. 초록 식물이 번성하고 있는 중앙홀은 그들이 살아온 '의미 없는 삶'의 보잘것없는 흔적이지만, 영화는 그들이 키워 낸 초록 식물을 우주의 희망이자 낙원으로 암시함으로써 관객들에게 '의미 없는 삶'의 진정한 가치가 무엇인지를 되묻고 있다.

'사일런스'와 루터의 종교개혁 500주년

엔도 슈사쿠의 소설 『침묵』을 원작으로 하는 영화 '사일런스'는 일본의 막부시대가 무대의 배경이다. 당시는 17세기 초로 천주교 탄압이 극에 달했던 시기이다. 일본에 파견되어 선교를 하던 포르투갈의 저명한 선교사인 페라이라 신부가 일본 관리들의 핍박을 견디다 못해 배교했다는 소문이 들리자, 이를 확인하기 위해 가르페 신부와 로드리게스 신부가 일본에 몰래 들어가면서 영화는 본격적으로 시작된다.

두 신부는 비밀리에 신앙생활을 하던 마을 주민들의 보호를 받으며 포교 활동을 하지만, 일본 관리들의 추적을 피하지 못하고 체포된다. 결국 가르페 신부는 신자들과 함께 순교하고 로드리게스 신부는 배교 후 살아남는다.

영화를 본 지 꽤 오래되었는데 잊히지 않는 두 장면이 있다. 기독교인이 아님을 증명하게 하는 절차가 그 하나로, 배교를 인정한 신자에게 성화를 밟게 하는 장면이 나온다. 일본말로 '후미에' 라고 하는데, 기발할뿐더러 기발함으로 잔인성을 더욱 가중시킨 교묘하고 악랄한 방법이 아닐 수 없다. 또 하나는 배교하지 않는 신자들을 해변에 세운 십자가에 묶고 밀물에 의해 익사시키는 장면이다. 굶주림과 호흡곤란, 탈수 현상으로 극한의 고통 속에서 몸부림치는 신자들의 모습은 차마 눈을 뜨고 볼 수 없을 정도이다. 특히 최후의 순교자인 모키치가 죽어가면서 성가를 부를 때 나는 눈을 감을 수밖에 없었다. 그의 고통이 나의 온몸에 고스란히 전해지면서 한동안 전율해야만 했다.

이 영화를 본 사람이라면 누구나 두 가지 질문에 직면한다. 그 하나는 영화의 부제이기도 한 "고난의 순간에 당신은 왜 침묵하십니까?"라는 질문이다. 하나님이라고 하는 절대자에 대한 항변에 다름 아닌 이 질문에 대한 대답은, 로드리게스가 후미에를 하는 순간 들려온다. "나를 밟아라. 나는 고통 가운데 너와 함께 있다." 하지만 이 대답은 순교와 배교의 차이를 묻는 또 하나의 질문 앞에서 무력해질 수밖에 없다. 순교자가 목숨을 바쳐 흘린 피와 목숨을 보전한 배교자의 고통이 같은 저울 위에 놓일 수는 없기 때문이다. 따라서 신의 뜻은 다시 침묵 속에 갇히고 만 꼴이 되었다.

결국 이 영화는 순교만이 참 신앙이고 배교는 악의 선택이라는 이분법적 사고를 무의미하게 하는 보다 깊고 높은 차원의 무엇을 지향하고 있음을 암시한다. 어쩌면 인간에게 있어 신앙은 조역으로 등장하는 키치지로와 흡사한지도 모르겠다. 배교를 밥 먹듯이 하면서 그때마다 고해성사를 청하는, 그래서 신의 용서와 사랑이 없으면 바로 설 수 없는 불완전체가 바로 우리 인간의 모습이 아닐까 싶다.

(내용과 무관하게)이 영화는 올해가 루터의 종교개혁 500주년이 되는 해라는 점에서 더 의미심장하게 읽힌다. 영화에서처럼 우리나라도 18, 19세기에 일본에 못지않은 천주교 탄압이 있었었다. 전국 방방곡곡에서 수많은 신자가 신앙을 지키기 위해 순교했다. 그런 오랜 고난의 역사를 딛고 지금 우리 기독교는 유래 없는 번영을 누리고 있다.

그렇다면 당연히 수준 높고 숭고한 기독교 정신과 문화가 꽃피어야 마땅한데, 그게 아니다. 요즘 우리 주변에서 기독교적 사랑과 헌신은 찾아보기 어렵다. 현세적이고 기복적인 기독교 신앙이 창궐하고 있다. 일명 '번영 신학'의 미명 하에 기독교의 본질이 위협받고 있는 참담한 실정이다.

예수를 믿으면 돈 잘 벌고, 출세하고, 성공한다는 식이 번영 신학을 지배하는 사상이다. 겉으로는 다들 아니라고 말하면서도 거기에 매달린 결과, 한국 교회는 부패한 중세 교회와 맞먹는 부와 권력의 중심에 우뚝 선 모양새가 되었다. 교회에 돈과 명예와 권력이 집중되다 보니 불순한 의도를 가진 사람들이 교회에 몰려들고, 교회 역시 그들을 이용해 끝없는 욕망을 축적하는 악순환의 함정에 빠지고 말았다.

물론, 성경에도 복을 말하고 있다. 예수님도 "심령이 가난한 자는 복이 있나니."라고 말했다. 그런데 번영 신학 따위에서 말하는 복과 이 복은 완전히 다르다. 예수가 말한 복, 심령이 가난한 사람의 복은, 나는 강하다, 지혜롭다, 많이 가졌다,라는 생각을 하지 않는다. 세속적인 가치를 통해서 나는 아무것도 자랑할 게 없다는 마음이어야 한다. 그런 마음이 될 때 비로소 우리는 평화를 체험할 수 있다. 그것이 성경에서 말하는 복의 본질이다. 그래서 루터는 "우리가 열심히 일하는 것은 (부의 축적이 아니라)가난한 사람을 돕기 위한 것"이라 했고, 칼뱅도 "하나님도 어떤 사람을 부자로 만든 건 가난한 사람에게 나누어 주기 위한 것"이라고 말했다.

일부 깨어 있는 개혁적 신학자들 중 다수가 한국 교회에 대한 제2의 종교개혁을 요구하고 있다. 모 대학의 신학 교수는 한 언론과의 대담에서 "지금의 한국 교회는 돈 문제가 가장 심각하다."고 우려하면서 "예수님은 철저히 가난했다. 하나님과 재물을 동시에 섬길 수는 없다."며 "그것이 하나님의 경고"라는 말까지 덧붙였다.

그렇다면 한국 교회가 처한 위기를 극복하기 위한 대안은 없을까? 이 분야의 전문가들이 지적하는 공통된 견해는 성경에 담긴 예수의 훼손되지 않은 본래의 메시지를 되찾는 것이 우선이라고 지적한다. 이른바 성경권위의 회복이자 기독교인에게 초심으로 돌아가라는 경고이기도 하다. 그런 측면에서 이 영화 '사일 런스'는 기독교인들에게 잃어버린 초심을 다시 밝히는 등불이라고 말해도 부족함이 없겠다.

그림과책 산문집

딴짓 여로

1쇄 발행일 _ 2018년 5월 23일
2쇄 발행일 _ 2018년 7월 3일

지은이 _ 황현중
펴낸이 _ 손근호

펴낸곳 _ 도서출판 그림과책
출판등록 2003년 5월 12일 제300-2003-87호

110-814 서울 종로구 통일로 272, 210호(송암빌딩)
도서출판 그림과책
전화 (02)720-9875, 2987 _ 팩스 (02)720-4389
도서출판 그림과책 homepage _ www.sisamundan.co.kr
후원 _ 월간 시사문단(www.sisamundan.co.kr)
E-mail _ munhak@sisamundan.co.kr

ISBN 978-89-94753-74-4(03810)

값 15,000원

◆ 잘못된 책은 교환해 드립니다.
◆ 저자와의 협의로 인지는 생략합니다.

이 도서의 국립중앙도서관 출판예정도서목록(CIP)은 서지정보유통지원시스템 홈페이지(http://seoji.nl.go.kr)와 국가자료공동목록시스템(http://www.nl.go.kr/kolisnet)에서 이용하실 수 있습니다. (CIP제어번호 : CIP2018013745)